LES CHOSES QU'ON NE DIT PAS

DU MÊME AUTEUR

Ma France buissonnière, La Martinière, 1998.

Dans l'air des mots : 30 ans de chansons en images, La Martinière, 2004.

YVES DUTEIL

LES CHOSES QU'ON NE DIT PAS

l'Archipel

Si vous souhaitez recevoir notre catalogue
et être tenu au courant de nos publications,
envoyez vos nom et adresse, en citant ce
livre, aux Éditions de l'Archipel,
34, rue des Bourdonnais 75001 Paris.
Et, pour le Canada, à
Édipresse Inc., 945, avenue Beaumont,
Montréal, Québec, H3N 1W3.

ISBN 2-84187-784-1

À ma Noëlle

Ouverture des lettres...

L'enveloppe qu'on décachette, la couleur de l'encre, la texture du papier, rien ne remplace vraiment l'émotion de recevoir une lettre manuscrite. On reconnaît (ou pas) l'écriture entre mille, l'impatience vous gagne jusqu'au premier mot. Là, l'univers s'efface devant les feuillets ouverts, un peu rigides, qui portent encore les marques de la pliure. Désordonnée ou, au contraire, régulière et ronde, l'écriture brosse déjà entre les lignes un premier portrait de l'auteur. Écrire, c'est se dévoiler, s'engager davantage qu'en paroles. Tout vous révèle et ce trait fin qui virevolte et déroule ses secrets, c'est le fil d'un cœur, un trait d'esprit, une âme.

Parmi les plus belles lettres que j'ai reçues, certaines sont restées gravées en moi de façon indélébile, et font aujourd'hui partie des trésors de ma vie.

L'avènement du fax, l'éclosion d'Internet et les courriers électroniques ont relancé le goût d'écrire. Mais le contact du papier, que quelqu'un d'autre a choisi pour vous, a glissé dans ce pli et refermé, le voyage qu'il a dû faire pour parvenir entre vos mains, le temps qu'il faut attendre pour savoir font partie d'un rituel de poésie et de mystère. On peut relire, rouvrir, conserver ces lettres précieuses quelque part, dans un tiroir, une boîte discrète posée en évidence mais que nul ne remarque... On ne dit jamais assez aux gens qu'on aime qu'on les aime. Qu'ils le devinent ne suffit pas. Gabriel Garcia Marquez aurait écrit une lettre à ses amis dans laquelle il leur dit : « Garde près de toi ceux que tu aimes [...], prends le temps de leur dire "je regrette", "pardonne-moi", "s'il te plaît", "merci" et tous les mots d'amour que tu connais. Personne ne se souviendra de toi pour tes pensées secrètes. » Peut-être n'est-il jamais trop tard pour exprimer ses sentiments, mettre des mots sur l'essentiel ? Si la mémoire se joue du temps, portera-t-elle les messages à leurs destinataires, dans ce monde ou dans un autre ?... La seule chose, semble-t-il, qui parvienne à voyager vers l'au-delà, c'est l'amour que l'on a semé, partagé...

Comme m'a dit Martine, notre fille, en parcourant ces pages, c'est un livre que nous devrions tous essayer d'écrire... Lorsque j'ai commencé à composer ces lettres, je n'appréhendais pas encore la route intérieure qu'elles allaient tracer, le bonheur que j'allais éprouver à mettre des mots sur les rencontres, les êtres et les événements qu'elles évoquent, sur les souvenirs qu'elles font renaître. Je ne concevais pas encore le plaisir de s'adresser d'égal à égal avec la Terre, la Musique, Dieu ou la Politique... Et, surtout, je ne savais pas encore que cette mosaïque serait le portrait d'une vie. Noëlle, qui l'avait compris bien avant moi, m'a encouragé, nourri d'idées, elle a éclairé mon écritoire d'une flamme de passion à laquelle elle m'a permis de donner forme et vie. Elle est la messagère de tous ces mots que la pudeur retient trop souvent, et qui s'envolent ici vers leurs destinataires…

Et c'est parfois dans ceux qui restent à dire
Que sont cachés les plus beaux souvenirs
Toutes les choses qu'on ne dit pas
Et dont les mots, les mots n'existent pas.

Toutes les choses qu'on ne dit pas
Mais que l'on garde pour toujours au fond de soi
Et qu'on emporte en l'au-delà
Là où les mots, les mots n'existent pas.

« Les Choses qu'on ne dit pas »

À ma tante Germaine

Chère tante Germaine,

M'adresser à toi est encore difficile, à cause du chagrin de ton départ, mais aussi parce que, par ta stature et ta bienveillance, tu étais le lien avec notre famille, cet arbre aux racines profondes et aux ramifications multiples. Petit enfant, c'est chez toi à Dijon que je m'étais risqué à la flûte sur « le pont de la rivière Kwaï » en essayant (en pure perte) de suivre le disque qui sifflait à tue-tête « La marche du colonel Bogey ». Tu avais compris en me voyant diriger l'orchestre, tout seul devant le vieil électrophone Teppaz, que la musique vibrait déjà en moi comme une vocation. Chaque fois que nos regards se sont croisés, ton visage s'illuminait d'un sourire. Durant toute votre vie, avec Papa, vous vous écriviez, chaque semaine, des lettres toutes simples, comme une chronique de la vie familiale. Lorsque maman nous a quittés, tu as été un peu notre seconde mère.

En famille, si on parlait des camps, il était inutile de préciser lesquels : c'était pour évoquer la mémoire de ceux parmi les nôtres qui n'en étaient pas revenus. Comme beaucoup d'enfants juifs après la guerre, nos parents nous avaient fait baptiser, dans l'espoir de nous protéger contre une nouvelle vague d'antisémitisme. La shoah avait imprimé sur nous sa peur, à travers les récits terrifiants des contrôles dans les trains, l'obsession des papiers, ceux qui, déguisés en femmes, étaient démasqués par les officiers allemands qui, négligemment, laissaient tomber un objet entre leurs jambes. Ils serraient les genoux comme les hommes au lieu de les écarter pour tendre la jupe. Le silence était devenu un réflexe. Consciente de cette dualité d'origines et de culture, tu t'efforçais de combler ce fossé entre la judaïté de nos racines et le baptême catholique que nous avions reçu avec la « bénédiction » de tous. Élevés sans croyance et loin de la tradition hébraïque, nous avons grandi sans références, et toutes les occasions étaient bonnes pour évoquer avec toi ce passé, sombre et douloureux, sur lequel nous avions encore tant de mal à nous pencher. D'un côté, ce baptême « de précaution », pour lequel ton papa, grand-père Eugène, avait composé un petit poème teinté d'humour à destination de la communauté juive, m'avait laissé son empreinte. Et, de l'autre, les films qui m'arrachaient des larmes s'appelaient *La Vie devant soi*, *Exodus*, *La Liste de Schindler* ou *Le Choix de Sophie*...

Yves Boisset, sans le savoir, m'a lui aussi ouvert un chemin. Le cinéaste présentait son nouveau long-métrage sur le combat d'un petit groupe d'écolos contre le tunnel du Somport. Nous avons sympathisé et, alors que je l'interrogeais sur ses projets, j'ai reçu sa réponse comme un choc au plexus : « Je suis en train de finir le tournage d'un *Dreyfus*... » J'avais jusque-là respecté le non-dit, mais je suis sorti de l'ombre en lui disant : « Je suis son petit-neveu... » Pour la première fois, un courant d'air frais entrait dans ma maison. Ce rai de lumière s'est posé comme un parfum de vérité sur une zone obscure de mon enfance. La chape de plomb dont je finissais par ne plus sentir le poids venait de s'entrouvrir, et le silence autour de « l'Affaire » a commencé à se fissurer. J'ai eu envie de défendre sa mémoire, de perpétuer son innocence. Comme une mission, un héritage posé entre mes mains, l'idée d'écrire une chanson faisait son chemin. Avec Simone Perl, petite-fille du capitaine, qui disait « Grand-père » en parlant de lui, vous avez toutes deux redonné vie à cette page restée blanche pour moi. L'Histoire n'avait retenu de Dreyfus que son visage, et non son courage. Simone m'a guidé à travers les méandres des fausses pistes, les hypothèses hasardeuses démontées par les historiens, les mensonges et les rumeurs destinés à égarer l'opinion. Tes encouragements et les détails vécus que tu m'as apportés m'ont permis de rendre l'image plus fidèle à son admirable vérité. Petite, tu avais sauté sur les genoux de cet homme qui, bien malgré lui, a défrayé la chronique durant un siècle… D'anecdotes en scènes de la vie quotidienne, Alfred Dreyfus m'est devenu plus proche, plus intime, j'ai découvert son histoire… la nôtre, et aussi ta tante Lucie, l'épouse courageuse, source de force et d'amour durant toutes ces années de séparation. Hébergée en secret à Valence par mes parents sous le nom de Duteil pendant la Seconde Guerre mondiale, Lucie a quitté ce monde en 1945, quatre ans avant ma naissance, dix ans après la mort du capitaine. Rentré dans le rang dès la fin de l'Affaire, ce dernier a fini ses jours en père de famille, loin du tumulte et des polémiques. La parenthèse semblait refermée, mais la souffrance était toujours là.

Chère tante Germaine, je te revois à mon bras, le 2 février 1998 dans la cour ensoleillée de l'École militaire à Paris, là où ton oncle Alfred avait été dégradé en janvier 1895. Nous assistions à l'ultime manifestation d'une série d'hommages à Dreyfus et à Zola, dans le cadre du centenaire de *J'accuse.* Ce jour-là, l'armée française allait dévoiler une plaque à la mémoire du capitaine, condamné injustement *« pour un crime de haute trahison qu'il n'avait pas commis ».* Cette cérémonie, présidée par le ministre de la Défense Alain Richard, allait mettre un point d'orgue définitif à « l'Affaire ». En effet, la Justice puis l'État avaient officiellement reconnu l'innocence de Dreyfus. Enfin, l'armée, la Grande Muette, parlait elle aussi. Il avait fallu cent ans pour lui offrir cet instant de réconciliation… Aux premiers accords de « La Marseillaise », face à tous les corps d'armée réunis, tu as serré mon bras plus fort, et tu m'as dit : « Je suis venue de Dijon pour vingt minutes… mais quelles minutes ! »

À travers cette brèche ouverte sur le passé, des bulles d'enfance remontaient vers la surface. Tu ne ratais jamais une occasion de nous aider mon frère Roland et moi à renouer le fil de l'harmonie. Nos éclats de rire, les chuchotements complices le soir, dans notre chambre, sa passion pour la technologie, l'électronique, le bricolage et le système D. C'est lui qui m'a dévoilé les secrets de la mémoire des premiers ordinateurs, qui m'a appris à chercher le pourquoi et le comment de chaque nouvelle découverte, qui m'a ouvert les portes du monde des transistors, des diodes électroluminescentes, des circuits intégrés et des fusées interplanétaires. Il était à la fois ma science et ma fiction, il était Géo Trouvetout, l'inventeur génial, j'étais Benoît Brisefer, le petit frère énervant. Parfois, nous nous battions et notre histoire s'écrivait aussi à coups de pied... Nous sommes aujourd'hui les deux parties d'un même cœur. Et si Noëlle a consacré des années de patience à démêler ce fil bien serré, tu n'es pas étrangère toi non plus à cette renaissance inespérée. Je n'ai oublié ni les soirées partagées chez papa, quand tu venais le voir à l'hôpital en prenant le train toute seule à quatre-vingt-dix ans passés, ni tes paroles, toujours rassurantes et apaisantes.

Le jour de ses obsèques, tu as pris la parole, sans la moindre note, pour rendre à ton frère un hommage affectueux, émouvant et spontané. Tu avais quatre-vingt-quatorze ans. Lui, quatre-vingt-treize. Après la cérémonie, lorsque nous nous sommes tous retrouvés chez lui, tu t'es assise toute droite sur le canapé du salon, et peu à peu les enfants, les neveux se sont assis en tailleur par terre autour de toi, coudes sur les genoux et menton dans les paumes, pour t'écouter raconter avec humour, avec tendresse, ton mariage, la guerre, et nos parents.

Un moment inoubliable, où tu nous as expliqué comment papa et maman, fuyant la Gestapo et le STO (le Service du travail obligatoire), avaient dû quitter en toute hâte l'appartement de Lyon où ils s'étaient réfugiés avec notre sœur aînée, encore toute petite. Comment sur le quai de la gare, papa s'était aperçu qu'il avait oublié le livret de famille...

« Attendez-moi ici », leur avait-il dit. À peine remonté à l'appartement, une rafle l'avait obligé à se cacher dans une armoire sans faire de bruit pendant plusieurs heures avant de pouvoir ressortir, éperdu d'angoisse d'avoir perdu les siens. Comment, à la gare, maman et Lise l'attendaient toujours sur le quai, au même endroit… Et notre grand-père, ruiné à son retour de la guerre par un administrateur véreux qui le menaçait « de les dénoncer comme juifs » s'il disait quoi que ce soit… Et comment tes parents t'avaient « présenté » ton futur mari, « vieux, chauve et pas beau », mais qui t'avait rendue heureuse pendant toute votre vie… Fascinés, nous t'écoutions, débordante de malice et de tolérance, nous peindre en couleurs ces tableaux noirs de la terreur, du désespoir ou de l'injustice…

Tu as été la mémoire de notre famille, tu y occupes désormais la place d'honneur. À mon petit-fils, que tu as tenu dans tes bras à quatre générations de la tienne, je raconterai quelle femme extraordinaire tu étais, ta grandeur d'âme et l'admiration que je te porte.

Chère tante Germaine, toute la paix que tu as semée en nous n'a pas fini de fleurir…

Tendrement,

Yves

Mon corps est à genoux,
Mais mon âme est debout
Un jour je reviendrai

Vers la terre de France
Crier mon innocence
Et retrouver la paix…

« Dreyfus »

À Alfred Dreyfus

Cher oncle Alfred,

À travers toi, c'est un peu à tous les innocents, mis au banc des accusés, que j'adresse cette lettre. À ceux sur qui un piège s'est refermé sans qu'ils aient pressenti le danger, qui s'éveillent un matin dans l'infamie sans avoir pu dissiper le cauchemar qui va hanter leurs nuits pendant des mois, des années, et qui voient leur vie basculer dans un cataclysme. Devenus un simple dossier, réduits au silence, confrontés à la solitude et au désespoir, impuissants face à ceux pour qui un prévenu qui clame son innocence est d'abord un coupable possible, on découvre comment chacun d'entre nous peut glisser dans cet engrenage kafkaïen. Quand la justice dissèque une vie claire sous sa lumière crue, l'honneur et la réputation ne sont plus que des fétus de paille. Et le temps judiciaire, qui sème le doute sur la transparence d'une vie, nourrit la suspicion de sa culpabilité. Entre la présomption d'innocence et le principe de précaution, l'espace vital est aussi mince qu'une convocation. Une existence, et soudain un champ de ruines.

Je pense à vous, injustement mis en cause par erreur ou par malveillance, aux souffrances et à l'incompréhension qui rongent votre esprit…

Construire sa défense, lorsque l'on n'avait aucune raison de le prévoir, est sans doute plus complexe que de brouiller les pistes à l'avance. Comme dans une partie d'échecs dont le jeu de l'adversaire resterait caché, vos pièces maîtresses sont toutes menacées. Ébloui par les projecteurs et assourdi par la rumeur qui enfle, à quoi devrait ressembler un innocent ? Clair, calme, posé et cohérent ?

Quels sentiments éprouvais-tu dans ton cachot, oncle Alfred, quand on t'a mis au secret, sans même te dire quelles charges pesaient contre toi ? Parmi les questions qui roulaient dans ta tête, ta vie défilait-elle devant tes yeux pour deviner quand et comment tu avais pu mal agir ? Tous les innocents partagent-ils ce même parcours, entre révolte, mobilisation et découragement ? Toi, tu n'as jamais douté, ni de la France, ni de l'armée. Habité par le visage de l'amour de ta vie, ton épouse exemplaire, Lucie, la sœur de grand-mère, tu as tenu, accroché comme à un rocher, à la certitude que la vérité triompherait, avec une foi inébranlable en la Justice. Et pourtant... le calvaire a duré douze ans. Pour Denis Seznec, celui de Guillaume, son grand-père, dure encore. Le déshonneur des innocents s'hérite et le combat pour la vérité se transmet tel un flambeau. Ton existence est entrée en moi, doucement, comme une colère ancienne, ravivée par ma conscience d'adulte. Contre l'injustice, il n'y a pas de prescription. Alors je t'ai accompagné jusqu'à l'île du Diable. J'ai découvert ta loyauté absolue, ton admirable dignité devant l'épreuve et les lettres bouleversantes de Lucie, recopiées sur ordre, de peur qu'elles ne recèlent quelque message secret... J'ai suivi les procès truqués, émaillés de preuves falsifiées ou forgées de toutes pièces, approché la raison d'État et l'intérêt supérieur de la Nation, dérisoires majuscules de l'Histoire… J'ai croisé le courage de ceux qui ont remis la vérité en marche, au risque de leur vie. Seul, on ne peut rien. Il faut toujours une chaîne de courage, de conviction et de conscience pour inverser le destin avant que la résignation ou l'indifférence n'aient recouvert la vérité d'un masque de silence. Aujourd'hui l'Affaire Dreyfus est close. Les historiens savent depuis longtemps qu'il s'agissait d'une machination, mais le doute subsistait dans l'esprit de certains.

Désormais, ta mémoire est innocente du crime de haute trahison dont on t'avait injustement accusé. Il aura fallu cent ans. Que dire pour ceux qui, injustement inquiétés, font l'objet d'une ordonnance de « non-lieu », qui revient à dire que rien n'a eu lieu alors que les victimes, elles, savent bien dans leur chair qu'il y a eu quelque chose, qu'elles restent en quête d'un coupable, et que les innocents, qui ont vu leur vie dévastée par des mois de suspicion, ne seront jamais lavés des soupçons qui pesaient sur eux.

Cher oncle Alfred, je pense à toi qui, sans avoir jamais démérité, as dû te battre pour retrouver ton honneur, face à l'implacable logique des institutions et des hommes. Ton courage a changé en lumière cette ombre qu'on avait jetée sur ta vie. Il me reste de toi l'idée qu'au-dessus de la justice il y a l'équité, qu'au-dessus de nos souffrances veille « l'intangible souveraineté de l'âme ». Si l'Histoire a conservé au-delà des siècles le souvenir des chrétiens livrés aux lions, des croyants persécutés par l'Inquisition et de tous les massacres perpétrés par les hommes au nom d'un prince ou d'un Dieu, c'est que l'injustice ne connaît pas d'oubli.

Je pense à toi…

Ton petit-neveu, et fier de l'être…

Yves

Si je perds la mémoire,
Si j'oublie qui je suis
Qui pourra dire alors
À ceux qui m'aiment encore
Que je n'ai pas trahi…

« Dreyfus »

À ma mère

Ma chère maman,

J'ai l'impression de ne jamais t'avoir écrit, de ne jamais m'être adressé à toi comme je le fais aujourd'hui, dans cette lettre que tu ne recevras pourtant pas, mais que j'ai tant envie de t'écrire. Nos vies se sont séparées bien trop tôt, bien trop vite et nous n'avons pas eu le temps de nous aimer jusqu'au bout du chemin. Quand tu es partie, mon cœur s'est arrêté de battre en même temps que le tien. J'avais vingt-quatre ans. Il me restait tant de choses à te dire, tant de chansons à te chanter, je voulais tellement que tu saches combien ton amour était gravé en moi comme une empreinte. Tes derniers mots, dont je me souviens, étaient : « Ça te fait de la peine de me voir comme ça, hein ? » Oui, ça me faisait de la peine, maman, je ne savais pas quoi répondre... Probablement une de ces phrases toutes faites qu'on prononce pour éluder une question gênante, et puis tout a été si vite... À soixante ans, tu venais de prendre ta retraite et vous aviez déménagé de l'appartement chaleureux de notre enfance, rue de Tocqueville, pour la rue Dutot, dans un immeuble sans âme, un appartement lumineux et cubique, où tu as vécu quatre mois... Papa, de dix ans ton aîné, avait tout prévu pour sa succession, sauf que tu disparaisses avant lui. Prétextant une conjonctivite, il portait des lunettes noires, pour que tu ne voies pas les larmes dans ses yeux. Il y avait eu cette fièvre rebelle, ce retour de vacances en urgence, et quand nous nous sommes retrouvés chez vous, avant ton admission à l'hôpital, tu m'avais dit : « Tu ne crois pas que ça pourrait être un cancer ? » Je m'entends encore te répondre : « Enfin, maman, bien sûr que non... » En fait, il était généralisé et tu étais déjà en phase terminale. Tu ne te plaignais jamais. Aucun d'entre nous n'avait remarqué ni ta fatigue, ni ton ventre ballonné à l'extrême... Nous vivions côte à côte, mais pas ensemble. Tu ne t'es pas réveillée de l'opération qui devait te guérir. Moi je guettais un signe, tu respirais encore, mais tu ne vivais plus. J'imaginais que tu étais là, au-dessus de toi, quelque part, j'aurais voulu rattraper le temps perdu, mais tu t'en allais et, moi, je restais là. Quand ton âme a quitté ton corps, je n'ai plus reconnu ton visage. Ce n'était plus toi qui étais là. Depuis, je ne sais plus où tu es. Nous n'avions jamais parlé ni de Dieu ni du Ciel et je ne savais vers qui, vers où, tourner mon cœur pour te retrouver. Je t'ai perdue. J'ai dû me contenter de nos souvenirs pour renouer le fil de nos jours et, par bonheur, il m'en reste quelques-uns. Nos petites leçons de français et d'anglais sur la table de la salle à manger, les bonheurs fugaces, volés au quotidien, tes bons conseils : « Coiffe-toi dès ton lever par respect pour les tiens... » Pas un seul matin sans que je m'en souvienne. Les « démarrages en flèche » quand tu m'emmenais en voiture, les premières bouffées de tes Balto, qui sentaient si bon, les petites gommes carrées au caramel cachées dans ton sac, les courses au marché avec ta poussette à légumes – la honte de ma vie… Tu rentrais tard de la bijouterie, mais le bruit de ta clé dans la serrure faisait renaître la maison à la vie. Tu étais le lien entre nous tous. Mais comment s'appelait ton parfum ? T'ai-je jamais offert un cadeau pour ton anniversaire ? Nous sommes-nous concertés une fois tous les trois pour la fête des Mères ? Je ne m'en souviens plus. Il me manque tout l'intérieur de toi. Aujourd'hui, je trouverais mille choses à te dire. À l'époque, tout était secret. Nous n'avons pas beaucoup vécu les uns pour les autres. En revanche, tu as posé entre mes mains le trésor d'une vocation. L'amour de la musique et celui des mots. J'en ai fait ma vie, mon métier. Partant des savoureuses définitions de mots croisés de Max Favalelli, je plongeais avec toi dans un océan de Lettres, à travers une déferlante de mots dont tu m'apprenais le sens et l'origine. Loin du Lagarde et Michard, mais au plus près du concours de rébus de l'almanach Hachette, je buvais ton plaisir à pleines gorgées… et te suppliais de jouer du piano. Nos complicités, sans que j'en aie conscience, allaient devenir mes passions d'aujourd'hui. Dans la journée, tu vivais au milieu des pierres précieuses et des bijoux, dans un alignement de comptoirs où les pendules et les montres affichaient toujours 10 h 10 – la plus jolie présentation pour les aiguilles sur le cadran. Cet univers magique était ma récréation après le cours d'histoire-géo que m'infligeait grand-mère Alice tous les jeudis après-midi, au-dessus de la bijouterie familiale. Je parcourais du regard l'abat-jour lugubre du salon, le vieux téléphone à fourche sur le guéridon, et bien loin de la capitale de l'Albanie ou de la production annuelle de bauxite en Nouvelle-Calédonie, je rêvais d'un ailleurs qui ressemblait à la tendresse qui manquait ici.

Le bonheur ne s'écrit pas toujours au présent. Il revient parfois dans des instants enfuis qui gardent un parfum d'inachevé. Du plus loin que je me souvienne, je ne me suis jamais blotti dans tes bras. Pourtant, ton regard respirait la tendresse. Quelque chose nous retenait. Un mur de pudeur qui dressait sa bienséance entre nos élans et nos gestes. Il était impossible de le franchir. L'amour était bien là. Quand papa ne nous comprenait pas, et que tu proposais de lui parler pour nous, tu n'étais que bienveillance. Mais nos solitudes juxtaposées ne parvenaient pas à se fondre en un seul cœur. J'ai longtemps cru que ce vide ne pourrait jamais être comblé. Et puis Noëlle est arrivée dans ma vie en même temps que tu nous quittais. Si vous aviez pu vous connaître, vous auriez, je crois, beaucoup parlé ensemble. Tout le monde t'aimait. Ta vie est toujours entre mes mains comme un mystère, peut-être parce que je ne connais pas la douceur de tes bras. En t'écrivant ces lignes, j'ai l'impression de marcher vers toi. Je ne sais pas où tu dors. Le caveau de famille est peuplé de trop d'inconnus pour que je puisse t'y pleurer librement. Mais je fais souvent appel à toi pour me guider, m'inspirer. Ton absence m'accompagne pas à pas depuis plus de trente ans. Nous ne nous sommes jamais quittés, même si nous ne nous sommes jamais vraiment rencontrés. On ne s'est pas dit qu'on s'aimait. Pourtant, Dieu sait comme je t'aime. Tu as parsemé mon existence de grands et de petits bonheurs, dont certains n'ont fleuri qu'après ton départ. J'aurais tant aimé pouvoir te rendre un peu de cette lumière, depuis que je sais qu'elle existe. Tu m'as laissé en héritage la musique, la passion, un esprit curieux, quelques proverbes gravés au fer doux : « Si tu veux, tu peux », « Le mieux est l'ennemi du bien »... C'est drôle, les mots nous auront reliés, et nous n'avons même pas trouvé le moyen de nous parler... C'est peut-être le signe que les mots ne disent pas tout... Je me souviens de tes yeux, de ton sourire, de tes mains. Ils incarnent pour moi la patience et la bonté. Il y a bien d'autres langages dans le silence. Il faut peut-être écouter davantage pour mieux comprendre... Écouter les signes avant-coureurs de la maladie pour garder ceux que l'on aime plus longtemps près de nous... J'ai toujours le sentiment d'être passé à côté de ta mort, comme à côté de ta vie. Chez nous, c'était comme ça. J'aimerais bien que cette lettre te parvienne... Pour que tu saches le bien que tu as fait en existant près de nous, et le vide que tu as laissé dans nos cœurs quand tu nous as quittés. Mais tu n'as plus besoin de tes yeux pour le voir ni de tes sens pour le savoir. Je sais que tu sais.

Juste une chose encore : merci. Merci maman.

Ton Yves

Moi qui ne savais rien de la vie éternelle
J'espérais qu'au-delà de ce monde de fous
Ceux qui nous ont aimés nous restent encore fidèles
Et que parfois leur souffle arrive jusqu'à nous...

« À ma mère »

À mon père

Mon petit papa,

C'est toujours ainsi que je commençais les lettres que je t'adressais, comme pour imprimer au papier la tendresse qui manquait à tes mains, comme pour adoucir la peur dans tes yeux, comme pour ouvrir une porte qui ne s'est finalement jamais réellement ouverte... J'ai toujours fait avec toi les gestes de la douceur, en espérant qu'un jour tu me regardes avec le même regard et le même sourire. Il y a eu pourtant, par instants, quelques brèches dans la cuirasse. Ta fierté devant ma jeune carrière, chacune des distinctions attribuées à mes chansons, tes petits mots : « Ta chanson est passée ce matin sur RTL à 9 h 12... » Je savais que tu m'aimais. Et c'est par l'estime que j'ai trouvé le chemin de ton amour. Toi qui avais si peur de me voir devenir artiste plutôt que notaire ou commerçant, enfin « un métier où l'on ne passe pas ses nuits dans des sous-sols enfumés, toi qui es si fragile des bronches »... C'est au Théâtre de la Ville que tu as embarqué dans l'aventure de ma vocation. Il te manquait cette fibre de sensibilité qui débordait de mon piano, de ma plume et de ma guitare, mais aussi de mon cœur. Enfant, je me cachais dans ma chambre quand tu rentrais, de crainte de ce contact sans chaleur, et je répondais à ton « bonsoir » en sachant qu'il n'y aurait rien de plus entre nous. Il faut dire que lors de ma venue au monde tu avais déjà quarante-cinq ans. Autant dire l'âge d'être mon grand-père. Tu nous serrais la main pour nous dire bonjour... Ce fossé ne s'est jamais vraiment comblé. Adolescent, je t'en voulais de ne pas comprendre, de ne pas entendre. Pourtant, je ne manquais de rien. Nous avions tout et au-delà, et je sais aujourd'hui que ce « tout » était ta seule façon possible de nous exprimer ton amour. Je sais. Il y a eu Marcel, ce frère brillantissime, mort très jeune et idéalisé par tes parents comme un exemple, l'affaire Dreyfus qui avait laissé chez vous son empreinte de plomb, la guerre de 1914 dont ton père est rentré ruiné, l'apprentissage dès quatorze ans, puis la guerre de 1940 avec la milice, les bombardements, l'exode. Tu n'étais pas expansif. Ça se comprend à la lumière de tant d'obscurité...

Je ne t'ai jamais tant aimé que depuis que tu es parti. Je retrouve ta souffrance en écho dans mes gènes, dans le miroir du quotidien, à l'envers. Je redoute de te ressembler et pourtant je suis un peu toi. Je croyais être en manque de modèle. Je t'avais sous les yeux, dans ta droiture, ton honnêteté scrupuleuse, presque excessive. Tu cachais ta faiblesse sous une carapace, j'ai appris à conserver cette fragilité sans verrouiller toutes les issues.

J'ignore encore qui tu étais, mais aujourd'hui cela ne me tourmente plus. Je te parle librement, puisque tu ne peux plus ne pas m'entendre. Tu n'es plus nulle part, tu es partout. Plus de distance entre nous.

Ce soir de novembre 1998, j'étais invité par Alice Dona à fêter la réouverture de Bobino. Je devais chanter en compagnie de nombreux artistes réunis sur la scène qui prenait le relais de la salle d'origine, située un peu plus haut dans la rue de la Gaîté, mais détruite quelques années auparavant. Noëlle avait senti que tu allais de moins en moins bien et m'avait glissé, dans le creux de l'oreille, que ma place, ce soir-là, était peut-être davantage à côté de toi... Grâce à elle, j'ai pu vivre pleinement l'un des moments les plus importants de ma vie. Et Alice – le prénom de ta maman ! – a compris elle aussi. Je t'ai rejoint à l'hôpital, dans cette chambre silencieuse. J'ai pris ta main dans la mienne et, seul avec toi, je t'ai parlé, tout bas, et accompagné pendant plusieurs heures... J'ignorais que cette nuit passée auprès de toi serait la dernière, mais je t'ai dit que je t'aimais, que tu avais bien travaillé et combien je t'étais reconnaissant d'avoir offert à tes trois enfants les meilleures chances de réussir leur vie. Je t'ai dit aussi que tu avais été un bon père, que tu pouvais être fier de ta vie. L'infirmière, très tard, est venue pour me conseiller de rentrer, car rien ne se passerait dans la nuit.

Tu es parti au matin, pudique jusqu'à l'extrême, seul.

Heureusement, il y a un après. Roland, du haut de ses deux ans de plus, avait décidé comme moi pour tes obsèques de t'écrire une lettre, un hommage, en signe d'adieu... Nous l'avons fait chacun de notre côté, sans nous concerter. Roland avait du mal à parler, pour te dire que « ton départ nous fait sentir combien il est important d'avoir un papa, une maman ». Il ajoutait : « J'ai gardé de toi ce caractère un peu froid, mais je vais faire de mon mieux maintenant pour être un papa un peu plus chaleureux. » Il l'est devenu depuis. Quant à moi, la gorge nouée, les sanglots m'ont submergé de tous ces mots « qu'il me restait à te dire avant que tu ne t'en ailles trop loin, et pour que tu les emportes avec toi, dans ton voyage… Au-delà des paroles, des gestes, il y a une vérité plus profonde, irrationnelle, sensible. Autant il était difficile de t'exprimer de l'amour, autant je suis sûr qu'aujourd'hui tu le reçois et qu'il t'accompagne dans l'inconnu, où tu dois avoir besoin de chacun d'entre nous pour trouver ta route. » Le plus triste fut de n'avoir pu enfin te dire tout ça que devant ton cercueil…

Mais, désormais, je suis en paix avec toi. J'espère que toi aussi tu vas bien. Ne t'en fais pas, je continue la route. Et je t'aime.

Ton Yves

Toi mon père que j'aimais tant
Je te cherchais depuis longtemps
Mais tu voyages désormais
Près de moi, bien plus que jamais

Repose en paix dans nos mémoires
Le plus tendre de notre histoire
Ce sont les mots qu'on n'a pas dits,
C'est à toi que je les dédie.

« Lettre à mon père »

À la Musique

Chère Musique,

C'est toi qui m'as ouvert le cœur à mon insu, quand j'ai soulevé pour la première fois le couvercle du piano droit du salon, dans l'appartement de la rue de Tocqueville. Tes notes étaient là, bien rangées sur le clavier, et j'ai commencé à m'en offrir des morceaux, sans même te demander ton accord. Tes règles me sont toujours inconnues, mais pourtant tes lois semblent inscrites dans ma mémoire comme si je les avais apprivoisées depuis toujours… Je te connais sur le bout des doigts, sans trop savoir ni comment ni pourquoi. Un peu comme un enfant reconnaît sa mère au son de sa voix, dans son ventre… Alors t'écrire… moi qui ne t'ai jamais lue ! Pourtant on s'entend si bien… Si je ne comprends pas tout, dans ton langage, c'est à cause de tous ces mots qu'on a écrits pour te coucher sur le papier à rayures des partitions… Mais quand tu t'envoles dans les airs, je t'attrape à l'oreille pour t'accompagner au bout du monde, où tu es partout chez toi…

Du premier cri au dernier soupir, dans les cloches qui sonnent à la volée pour la noce, de l'hymne guerrier à la chanson olympique, au meilleur du cinéma comme au pire de l'existence, nous sommes tous transportés par ton souffle, happés par tes courants vers des océans de cultures et d'émotions plus riches que tout l'or de la Terre, où chacun peut tout prendre, même sans rien posséder... Tu es la chanson de notre vie, le murmure secret de nos silences trop lourds et l'explosion de joie de nos bonheurs quand ils débordent. Tu es la petite voix qui console nos peines et qui élève nos prières vers l'espoir. Tu ressembles à l'idéal humain, qui tend à réunir dans la même harmonie tout ce que la création a voulu de plus différent, la grosse caisse, le ukulélé, le Stradivarius ou l'harmonica, pour que chacun trouve une place à sa juste mesure, et ta mosaïque adoucit les cœurs... Tu es notre seconde langue maternelle, celle qui nous fait traduire la vie en bossa, en blues ou en fado, réussir notre Bach sans savoir l'allemand, devenir l'ami intime de Villa Lobos sans l'avoir jamais rencontré... Et tous les voyages immobiles, couché sur mon lit, avec en stéréo dans ma tête « Blood Sweat and Tears » en Sicile, Chicago Transit Authority aux Baléares, les Beatles à Marrakech, m'ont donné envie d'aller plus loin avec toi... Cette passion s'est mêlée à ma vie. J'allais en vacances avec Polnareff, j'ai flirté avec Astrud Gilberto, j'ai fugué avec Mozart. Adolescent un peu triste, j'ai pris mon essor sur une guitare de fortune pour quitter le sol et je suis devenu majeur. Tu m'as porté chance, comme tu donnes ses couleurs au monde qui, sans toi, serait si gris... Tu es partout. Le sentiment sur l'image, c'est toi. Le générique de l'émission qu'on attend, la fête au loin, la chorale du village, la musique du film qui nous replonge dans l'émotion du mot « fin » dès le début, « Pierre et le Loup », le frisson juste avant le concert, « Le Boléro de Ravel », la comptine de notre enfance ou la joue qui s'est posée sur notre épaule, une nuit remplie de soleil… Tu es là, toujours. Sans toi, la vie serait trop difficile. Tu es le trait d'union de tous les peuples. Par le sang, la peau, les voix, les mains qui battent, caressent, les doigts qui ondulent sur les instruments les plus délicats ou les plus rudimentaires, tu es notre empreinte unique et commune, la moisson de toutes les joies et de toutes les souffrances humaines, la tendresse qui pointe sous la violence, le poing serré sous les mots, la liberté des esclaves et la misère des rois… Rien, jamais, n'a eu raison de toi, ni la force ni le temps ne t'ont fait taire. Ni les armées ni les dictatures qui ont vaincu les hommes n'ont éteint ta flamme. Une veilleuse, toujours, est restée allumée, en secret, sous la chape de plomb. Tu as toujours survécu, même au pire des holocaustes. Et, avec toi, les porteurs de tes gènes, de ton visage, de ta voix. Naissance, adieu, retrouvailles, mémoire, célébration, victoire, hymne, deuil ou bonheur… Tout est l'occasion pour toi de rassembler, de partager. Tu représentes une telle richesse, ta source semble si intarissable que d'aucuns détournent le cours de ton lit… Comme la pierre philosophale, tu as un cœur d'or. Tu soutiens toutes les justes causes et tu es de tous les combats. Faut-il y voir le signe de ta vitalité, de ta résistance ? Ton bonheur est le mien. Je te porte en moi comme un trésor, avec les chansons que je n'ai pas encore composées, tous ceux avec lesquels je te partage comme une fraternité, la jubilation de t'inventer, d'aller te cueillir au plus profond, dans ces zones inconnues où l'on n'a accès que par instants, après t'avoir longuement attendue, espérée, courtisée.

Aussi longtemps que je vivrai, je resterai ton amoureux fidèle et passionné,

Yves

Quand je jouais de la guitare
Pour te plaire ou pour t'émouvoir
En hommage au passant d'un soir
J'écrivais pour l'amour de l'art
J'ignorais que c'était ma vie
J'ignorais mais j'avais envie
De chanter pour que tu sois fière de m'avoir choisi.

« Hommage au passant d'un soir »

À Félix Leclerc

Cher Félix,

Il y a dix-sept ans, tu nous quittais, « par la porte du bonheur », a dit Gaëtane, ton épouse. En effet, c'était le 8 août, huitième mois de l'année 1988... Il était 8 heures. Le huit, signe chinois de la... « Félixité » ? Couché, le huit est aussi le symbole universel de l'infini... La nouvelle discrète a fait le tour du monde francophone, comme une traînée de poudre, et nous a explosé en plein cœur. Nous avions pour toi plus que de l'admiration. De la tendresse et de l'affection.

Aujourd'hui encore, tu es ma référence, ma préférence... J'ai eu des maîtres en écriture. D'autres, bien plus rares, m'ont ouvert une ligne de vie. Tu as été les deux. Avoir pu te rencontrer est un des plus beaux privilèges de ma vie, et ton estime me reste comme un trésor. Ton émouvante dédicace en forme de fable, offerte l'année de la mort de Brassens, m'avait bouleversé, tout comme ton accueil, sur l'île d'Orléans... Nous avons découvert l'Île en hiver et, cette année 1983, Jean Dufour nous avait ouvert le seuil enneigé de ta maison, puis la porte de ton amitié... Rien ne manquait au décor, ni le feu dans la cheminée, ni ta chemise « carreautée ». Il faisait bon être là, chez vous, entourés des tiens, t'écouter nous parler du Québec et du français comme jamais je n'en avais entendu parler. La révolte pointait encore sous l'injustice, une sainte colère contre l'anglophonie, partout chez elle, et dont la force était de ne jamais douter de sa légitimité. Poing serré, l'index pointé vers le ciel, la fureur dans le regard, tu disais : « Quatre-vingt-quinze pour cent de francophones ! Obligés de s'expliquer en anglais, d'écrire en anglais, de chanter des cantiques en anglais ! » Et, soudain, le chef de chœur anglican de ton enfance symbolisait pour toi la fierté de sa langue maternelle, une force qui manquait si cruellement au combat pour la nôtre. Tu venais, sans le savoir, de semer la graine de « La Langue de chez nous », que j'ai composée quelques mois plus tard. Cette chanson t'est dédiée. Pour la première fois, en suivant ton exemple, je m'engageais pour une cause éperdue, avec la conviction qu'elle était juste et belle, et qu'elle constituait un enjeu majeur pour l'avenir de notre culture. Il était logique que je t'en réserve la primeur. Ce fut un autre moment de bonheur partagé, où j'ai vu perler des larmes dans tes yeux. Le soir même, à Québec, sur le dernier accord, le public de la salle Albert-Rousseau a renvoyé vers la scène une déferlante d'émotion qu'aucun d'entre nous n'est près d'oublier…

Avant cette rencontre, tu avais été l'ambassadeur de ce Québec dont je pressentais l'amitié comme un voyage au long cours, qui n'était encore pour moi que quelques-unes de tes chansons, de celles de Charlebois et de Vigneault, et surtout, l'image de cette extraordinaire « francofête » couronnée par « Quand les hommes vivront d'amour »… Chantée par vous trois ensemble, le Loup, le Renard et le Lion, cette chanson toute simple de Raymond Lévesque donnait un visage à tout un pays. « Le Tour de l'Île », extraordinaire symphonie de mots qui survolait ces « quarante-deux milles de choses tranquilles », avait achevé ton dernier récital au Théâtre de la Gaîté-Montparnasse, où Noëlle m'avait emmené te découvrir, conquise par l'univers de tes chansons, qui avaient fait aussi le bonheur de son père. Ensuite, c'est à travers les versions nouvelles, orchestrées par François Dompierre[1], que j'ai découvert tes chansons plus anciennes. Uniques en leur genre, ce sont des trésors de lumière. Coups de cœur tendre ou saintes colères, rocailleuses ou délicates, passionnées mais enveloppées de sagesse, leur force n'a d'égale que leur poésie. Tu restes pour moi un modèle de liberté et de modestie. Parce que tu as su assumer la solitude du chanteur de fond, et que tu étais avant tout un écrivain de l'âme de ton pays, tu as entraîné dans ton sillage une génération d'auteurs, nombreux, depuis, à se sentir tes disciples.

Tes considérations sur le bonheur, les parfums de mousse et le souffle de ton écriture m'apportent la fraîcheur d'âme qui manque souvent à l'humanité aujourd'hui. Tes discrètes pensées de flâneur m'enchantent. Combattant en révolte contre l'injustice et le mépris, tu resteras aussi un philosophe du quotidien, pour qui « le plus grand trou que fait un arbre quand il tombe est dans le ciel »...

---

1. « Chansons dans la mémoire longtemps », coffret de 3 disques vinyle.

En 1978, ta tournée française était sur le point d'être annulée pour un problème de santé. Jean Dufour eut alors l'idée de proposer mon nom aux directeurs des salles qui avaient programmé ta venue... Certains ont accepté. Ce fut ma première grande tournée en France. Et ta première empreinte sur mon parcours. La seconde, ce fut à Bourges où, pour le « Printemps de Félix », je faisais partie des artistes français réunis sur la scène du Festival, qui t'ont accueilli comme un père...

« Pieds nus dans l'aube »... L'image déjà est superbe de simplicité. Mais ta voix, où s'entrechoquaient les cailloux de Saint-Laurent, déposait, sur ce récit de votre enfance en famille, une profondeur limpide. Je l'ai écoutée bien des fois. Et je garde comme une pépite ce passage où ta maman vous demandait soudain, à tes frères et à toi, de faire le silence autour de la table pendant une minute, « pour le bonheur »... Ce vieux disque, qui gratte un peu, respire d'une authenticité et d'une présence incroyables. J'y retrouve le climat magique d'une autre rencontre, à l'occasion du tournage de « Vagabondages », une émission de télévision proposée par Roger Gicquel, où tu as été, pendant trois jours, le spectateur ébahi de l'amour profond que te portait une nouvelle génération d'auteurs, de compositeurs ou d'interprètes qui t'ont rendu hommage en te chantant tes chansons au « Petit Théâtre de l'Île »... Jean-Pierre Ferland – qui t'appelait « Dieu-le-Père » –, Sylvain Lelièvre, Richard et Marie-Claire Seguin, Claude Léveillée et moi rivalisions de plaisir pour nous répartir couplets et refrains sur « Bozo », « L'Hymne au printemps », « La Mort de l'ours » ou « Notre sentier », sur fond de repas champêtres et de dîners passionnés... Nous dormions chez Pierre Jobin, dans sa maison de bois emplie d'histoires et de chansons.

En 2002, sous l'impulsion de Diane Lemieux, alors ministre de la Culture du Québec, « La Langue de chez nous » est devenue un clip, à l'occasion des vingt-cinq ans de la Charte pour la langue française. Ce n'est qu'après avoir visionné ce petit joyau, où l'on découvre des Québécois de toutes origines chanter *a capella* « C'est une langue belle », que j'ai appris qui était l'auteur de ces images si justes : Francis Leclerc, ton fils...

Félix ! Ton prénom sonne comme le bonheur... Toujours aussi proche de nous par ton absence, tu rassembles autour de ta mémoire toutes les tendances, tous les milieux, toutes les générations dans la même estime, la même tendresse. Le souvenir de ton œuvre vit en chacun de nous. Au-delà de notre métier, fait de lumière, de spectacle et d'apparences, certains, comme toi, échappent à toute définition, à toute référence : tu as su ouvrir un chemin de sincérité, de force et de conviction qui m'a donné envie de suivre ton sillage. L'engagement, la simplicité et l'amour pour seuls bagages, tu as laissé sur la neige et dans les cœurs une trace qui n'a jamais fondu. Même au cœur de l'été le plus torride, l'empreinte de tes pas reste présente sur l'île, et plus loin encore. Partout où l'on parle français dans le monde, tes chansons sont incontournables. Si tu nous manques aujourd'hui, tu as bien travaillé et tu nous laisses du bonheur pour longtemps. Tu as semé dans les sillons de tes disques, dans tes pièces de théâtre et tes livres, des graines d'inspiration qui n'ont pas fini de germer, de fleurir et de fructifier... Aujourd'hui, c'est Nathalie, ta fille, qui tient le fil de ta mémoire, bien serré dans sa main comme un cerf-volant... et ça vente fort ! Tu voles haut sur l'Espace qui porte désormais ton nom, en plein cœur de ton île...

Je ne sais rien d'autre de ta vie. Je sais seulement que je t'ai aimé comme un fils.

Tu nous as ouvert ton cœur, et les étoiles que j'y ai vues briller ne se sont jamais plus éteintes. Quand on les observe dans la nuit, on s'aperçoit que chacune est un soleil...

Yves

Il a légué dans sa musique
Un vrai pays à ses enfants
Aux frontières de l'Amérique
Et je suis sûr qu'il est content

Et sur son île au bout du monde
Lorsque son âme est vagabonde
Le vent siffle autour des maisons
Les plus belles de ses chansons...

« Chanson pour Félix »

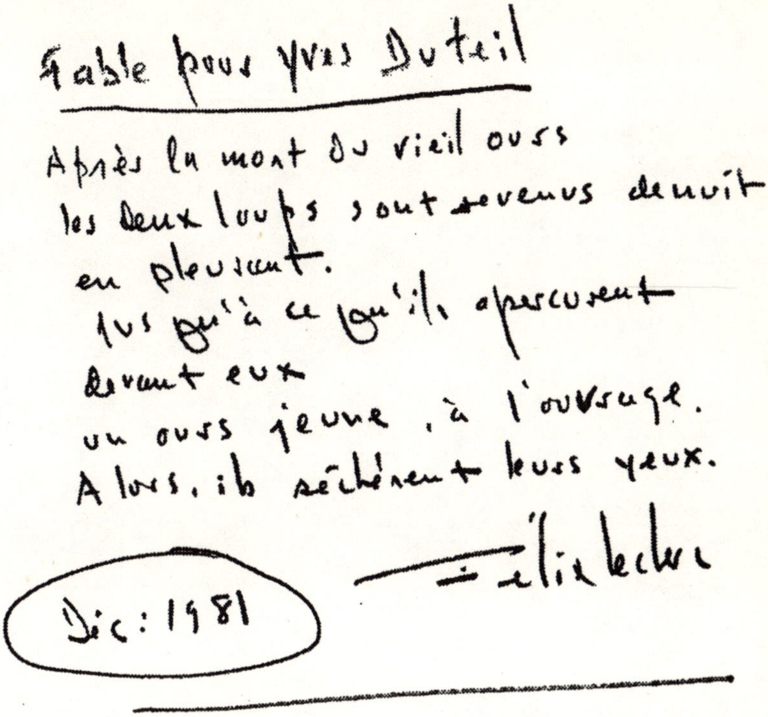
Fable pour Yves Duteil

Après la mort du vieil ours
les deux loups sont revenus de nuit
en pleurant.
Jus qu'à ce qu'ils aperçurent
devant eux
un ours jeune, à l'ouvrage.
Alors, ils séchèrent leurs yeux.

Félix Leclerc

Déc: 1981

Fable pour Yves Duteil :

Après la mort du vieil ours
les deux loups sont revenus de nuit
en pleurant.
Jusqu'à ce qu'ils aperçurent
devant eux un ours jeune, à l'ouvrage.
Alors, ils séchèrent leurs yeux...

Félix Leclerc

À Georges Brassens

Cher Georges,

Entre eux, ceux qui t'aimaient te surnommaient affectueusement « le bon maître ». Ce n'était pas par hasard. Maître à écrire, maître de musique aussi, contrairement à l'idée reçue selon laquelle tes mélodies seraient faciles, voire simplistes. Ceux qui s'y sont frottés savent combien elles sont jalonnées d'astuces et d'élégance. « L'Amandier » est un délice de virtuosité harmonique, difficile à décrypter pour le guitariste peu avisé qui tenterait l'ascension du premier couplet sans avoir reconnu auparavant les difficultés du parcours… De la route en lacets du corsage de Margot aux épingles à cheveux des « Funérailles d'antan », tu as semé tes poursuivants de « La Mauvaise Réputation » et rejoint Django au panthéon des musiciens. Ta voix, joyeusement pataude, effaçait d'un sourire les aspérités de la portée, pour jazzer sans bémol entre les syncopes. Tes mélodies buissonnières ont fait école, elles ont donné envie à des milliers de brassensophiles – dont je suis – de composer des chansons en espérant qu'elles soient, comme les tiennes, reconnaissables dès la deuxième mesure de l'intro, ce qui cloue le bec aux détracteurs de ta musique prétendue redondante. Le « Poum-Pa-Poum » de ta guitare a autant d'identités différentes qu'il y a de titres à tes chansons. Au-delà, on trouve les Brassensomaniaques – dont je suis aussi – qui jamais ne saisissent leur guitare sans la chauffer à ton bois. Encore audessus, les Brassensomniaques qui y passent toute la nuit.

Plus qu'un auteur, tu étais un écrivain de chansons, poète, à la fois Villon, Voltaire et Rimbaud, caricaturiste entre Reiser et Daumier, pamphlétaire anar et irrespectueux. Ton regard malicieux transpirait la générosité et la bienveillance. Nous n'oublierons jamais cette délicieuse journée en famille chez toi, à Lézardrieux, en Bretagne, où Püppchen nous faisait les honneurs de la maison, du perron jusqu'à l'échelle de meunier qui menait à ton grenier à chansons. Inlassable sculpteur de mots, tu nous disais ne plus savoir, parmi les versions successives de tes derniers textes, laquelle était la bonne. À Bobino, un jour de première, je te revois ainsi buter à plusieurs reprises sur une pile du pont Mirabeau dans « Les Ricochets » puis, après un « Merde ! » à peine voilé, repartir en coulisses réviser... Un peu plus tard, notre voisine quittait la salle en essayant sans succès de te siffler du bout des lèvres, pendant que ta moustache jubilait sur les vers savoureusement irrévérencieux adressés aux « fichus calotins » – « sans le latin, la messe nous emmeeeeerde... ». Et « Fernande » venait juste après... Ton anticléricalisme légendaire s'apparente à mes yeux à celui de Peppone face à don Camillo[1]... teinté d'un affectueux

1. René Barjavel a adapté les livres de Giovanni Guarreschi au cinéma (scénario et dialogues).

respect et d'une émouvante « Prière » – « Je vous salue Marie ». Jamais je n'ai vu un « ours » aussi chaleureux, un « taciturne » aussi gai, un artisan plus méticuleux, attentif à la moindre nuance dans l'éclairage d'un mot, l'accent tonique d'une syllabe. La jubilation sans fin de « La Supplique… » ou de « La Non-demande en mariage » se double de l'apparente simplicité de l'ensemble, et du plaisir que tu y as érigé en modèle.

Tu avais le don de provoquer, mais aussi de répondre avec grâce aux attaques perfides – « Je baise je baise… » –, aux situations douloureuses – « Stances à un cambrioleur », « Le Pornographe », « Trompettes de la renommée », qui m'ont inspiré des réponses telles « Les P'tites Casquettes », « La Valse des étiquettes » ou encore : « Si j'étais un oiseau, parfois je serais triste / À l'idée que mes plumes, un jour, vous permettront / D'écrire pour des canards que mon chant sonnait faux / Elles qui m'ont fait voler si haut… » Sous « Les Batignolles » ou « Le Fataliste » de mes débuts, difficile de ne pas reconnaître le professeur…

Soudain, il a fait froid dans nos cœurs. Chacun de nous se souvient de l'endroit exact où il se trouvait à l'instant où la nouvelle de ta mort l'a touché. Quelque temps plus tard, Püpchen est venue à la maison et nous a apporté ton stylo, précieuse relique, et ce feuillet, écrit de ta main :

« Soyez rassurés sur mon sort, mes amis, la mort ne saurait être un mal pour moi. Si c'est un sommeil, c'est un bonheur, si c'est un lieu où l'on rencontre les héros du temps passé, quel plaisir ce sera de converser avec eux… Voici venu le temps de nous séparer, vous pour vivre et moi pour mourir. Qui de nous a le meilleur partage ? Nul ne le sait, excepté Dieu… »

Puis, nous avons eu la clé de ces lignes, surprenantes venant de ta part : l'exercice consistait à « oublier » entre les pages d'un livre un texte d'auteur – Platon, Aristote ou Socrate en l'occurrence – pour le « reversifier » plus tard et le comparer à l'original.

Aujourd'hui, te chanter c'est te faire revivre. Aucune ride n'est venue troubler « l'eau de la claire fontaine », toujours aussi miraculeuse de fraîcheur. Tu parviens à mettre d'accord l'assemblée la plus disparate, qui reprend, instantanément, en chœur « L'Auvergnat » ou « Les Copains d'abord » sans distinction de genre, d'âge ou de chapelle, autour de ces petits joyaux façonnés pour longtemps. En termes de carrière, ton conseil était bon : « Il n'y a pas de chemin tracé, mais surtout des chausse-trappes à éviter… » Je suis sans doute tombé dans quelques-unes mais, grâce à toi, j'ai pu en éviter quelques autres. Par ta façon d'être, comme par ton agilité d'écriture, tu m'as permis de croire qu'on pouvait faire ce métier « différemment ». Réfractaire à toute forme d'enfermement, la seule concession de ta vie est celle où l'on peut encore te saluer, sous la pierre où tu dors face à la mer… Ta dernière demeure, en vérité, est disséminée dans les étuis de nos guitares, dans nos cahiers de chansons, dans les innombrables soirées partagées à la flamme de tes refrains et dans ma mémoire, par cette chaleur pudique que tu savais offrir simplement à ceux qui venaient frapper à la porte de ton amitié…

Yves

Pour les chansons et pour le reste
Pour la simple beauté du geste
Le panache et la poésie
L'humour, la folie

Au moment de gagner le large
Je voudrais pas tourner la page
Humblement, sans vous avoir dit
Bravo… et merci.

« Bravo et merci »

À Claude Dejacques

... qui a été pendant huit ans mon directeur artistique et le miroir indispensable de mes chansons aux moments clés de leur création en studio. La liste des artistes auxquels il a apporté, tout au long de sa vie, son écoute et son savoir-faire est prestigieuse. Sa discrétion était aussi grande que son talent...

Cher Claude,

Avant toi, mes chansons étaient orphelines de ne pas te connaître. Je l'ignorais encore quand nous nous sommes rencontrés en 1977. T'écrire aujourd'hui est un bonheur, comme si toutes ces années d'absence s'effaçaient devant ton regard bienveillant, devant ton sourire empreint d'une mystérieuse nostalgie que j'ai retrouvée aussi dans tes romans, effluves de ta vie de baroudeur et d'aventurier... Diriger un artiste est un rôle délicat. Un mot, un silence peuvent tout permettre comme tout compromettre. Au studio d'enregistrement, de l'autre côté de la vitre, on est seul. Le public est réduit à sa plus simple expression : l'ingénieur du son, le directeur artistique, l'assistant. Pour que naisse l'émotion, il faut une grande confiance. Ta présence à mes côtés était un gage de liberté et je savais que tu m'aiderais à trouver la bonne voix, que tu laisserais s'ouvrir en moi les portes encore closes, en toute simplicité, en toute sincérité. Tu étais là et je n'avais plus peur. Au silence qui suivait une version réussie, je savais si la prise était bonne. Même en quête de la multitude, on chante toujours pour quelques-uns, un frère, un père, un amour, un ami... Tu étais leur reflet à tous. Tu as fini par devenir l'un des leurs. L'un des nôtres.

Tu m'as guidé sans le savoir dans ce métier, loin du strass et des paillettes qui m'ont toujours mis mal à l'aise. Tu étais comme un écran de pureté. Bien plus qu'un directeur artistique, tu étais un artiste. Réfractaire à tout formatage, tu défendais une idée majuscule de la Chanson, qui ne m'a jamais quitté depuis. Tu incarnais ce respect pour le public, qui fait qu'on a du mal à laisser une lettre sans réponse, ce respect pour la sensibilité de l'auteur, de l'interprète, du musicien, et pour la passion de l'authentique, la peur de décevoir, le souci du détail. Tu te disais modestement « passeur ». Mais combien de talents sont passés entre tes mains au fil des années, combien de chansons te doivent la vie ? Qui peut deviner ces instants magiques où, en laissant tourner la bande à l'insu de l'artiste, tu as pu saisir l'émotion fragile qui passait, presque par effraction ? De Caradec à Moustaki, de Barbara à Félix Leclerc, le champ de tes moissons s'étend à perte de vue. Dans l'ombre des coulisses, il y a souvent la lumière d'un regard. Le tien était de ceux-là. Toujours en retrait, mais vigilant comme un chat, tu m'accompagnais sur des chemins d'exigence que tu avais contribué à tracer, en me laissant toujours l'initiative. J'ignore encore par quelle alchimie j'apprenais dans tes silences à élaguer le superflu et à garder l'essentiel. Et, comme en réponse, le public a « embarqué » spontanément dès le début de notre collaboration. Ange gardien efficace, discret et méconnu, ton nom restera pourtant associé à des centaines de succès : Claude Bergereat. « Dejacques », c'était pour te différencier d'un autre Claude : travaillant avec Jacques, tu étais donc devenu le Claude de Jacques... Photographe, écrivain, grand voyageur, la chanson ne devait être qu'une étape, mais l'escale a duré si longtemps qu'elle est devenue ton port d'attache. Nos routes se sont croisées, elles sont restées nouées pendant huit années sans l'ombre d'une ombre, et puis Pathé Marconi s'est restructuré, des financiers, pour qui la musique se composait avant tout en notes de frais, ont pris le pouvoir... Toi qui comptais tant pour nous « tes » artistes, tu t'es rendu compte que, face à un bilan d'exploitation, tu ne faisais pas le poids. Dans le métier à tisser les chansons, les contrats se jouent bien des accords. Leur portée n'était plus à la mesure de ton horizon. Tu as mis la clé de sol sous la porte, posé un point d'orgue à la partition et tu as repris ton voyage, comme à ton habitude, sans dire au revoir. Mais nos vies sont restées liées à jamais. Toujours présent aux moments forts, ton sourire rassurant continuait à m'encourager, fidèlement.

Les studios Pathé ont été vendus, dispersant les morceaux de musique qui résonnaient encore de nos nuits de mixage avec Jean, « musy-cien » de pure émotion, et nos amis « ingénieux » du son, Claude Wagner, Daniel Michel. Le piano Steinway demi-queue sur lequel j'avais pris le *la* pendant toutes ces années enchantées, ainsi que le marimba qui égrenait le paysage de « Virages » sont désormais chez nous.

Un jour, je t'ai proposé de venir dîner. Tu m'as dit : « Pas de problème, on vous rappelle. » Mais quand Dominique a rappelé, une onde de chagrin a rempli la maison. Tu me manques. De ton impressionnant parcours il reste surtout l'amour que tu as semé. De beaux enfants, petits et grands, des cœurs en deuil de ta tendresse, des chansons qui portent la marque de ta liberté. Avec le recul du temps, je me revois éclore sous ta protection. Pour ton dernier voyage, j'ai lu un texte que j'avais peaufiné pendant plusieurs nuits. Je voulais qu'on se souvienne.

Tu rapportais parfois de tes voyages lointains des objets insolites, un boulier ancien, qui me dit combien tu comptes pour moi, un petit nécessaire d'écriture chinois que je conserve encore précieusement. Tu es là de mille façons.

Tu nous avais offert un petit pommier, pour nos vingt ans de mariage. Cette année, seules quatre pommes ont mûri. Elles mesuraient chacune quatorze centimètres de diamètre ! Elles étaient succulentes. J'ai hâte d'être à l'an prochain pour goûter à nouveau aux fruits de ton verger…

Yves

Comme un père prodigue
À l'humeur vagabonde,
Épris de liberté et des beautés du monde…

« Un ami est parti »

À mon métier

Mon cher métier,

Sur les sillons gravés de tes jardins secrets mûrissent les plus beaux fruits de mon verger, et le diamant qui les recueille est ma pierre la plus précieuse. Lequel de nous deux a choisi l'autre, je ne saurais le dire, mais c'était une adoption plénière, où j'ai posé mon cœur sans état d'âme entre tes bras de platine, en musique, en vers et contre tout… Il m'a fallu bien du temps pour ouvrir ta route à mes chansons, sans boussole, à travers le brouillard des études, pour avancer entre la peur de mes parents pour mon avenir et ces rimes qui n'en finissaient pas de prendre le pas sur la raison… Mais ce long chemin a été un apprentissage nécessaire. Pour écrire et composer, il faut apprivoiser l'oiseau en cage dans notre tête, lui voler sa plus belle plume puis lui rendre sa liberté. Alors, seulement, il chante de toute son âme. Entre-temps, on fait toutes les belles et les mauvaises rencontres, on se découvre des maîtres et parfois des contremaîtres, on prend mieux la mesure de ce qui nous est donné en naissant et de ce qui nous reste à acquérir, pour élaguer sans cesse jusqu'à l'épure. Car une chanson s'écrit davantage à la gomme qu'au crayon et, sur la scène, l'expérience consiste souvent à se dépouiller de tout l'artifice pour ne garder que l'émotion la plus authentique, la plus sincère. Ta ligne droite serpente entre ces deux moments de vérité, l'écriture et le concert. Le reste aussi est important bien sûr, mais tout l'essentiel est là. Mon beau métier, comme je t'aime quand je tiens le mot juste, quand je *groove* sur ta musique, quand les cœurs s'ouvrent dans le noir… Je donnerais tout pour l'instant magique du point final, comme volé à l'éternité, et je ressens comme un privilège d'être encore fidèle au rêve de mes quinze ans… Comme la plupart d'entre nous, j'ai connu la peur, la page blanche, le découragement, l'échec et la dérision. Mais il y a toujours une voix au-dessus des autres, une voix douce et ferme, qui souffle le vrai, sur l'océan de mes bonnes excuses, pour renouer le fil des mots sur le métier à tisser la musique : Noëlle. Tisseuse de bonne aventure, elle m'a enseigné, par l'exemple, à ne plus redouter le silence, mais à l'écouter. C'est de lui que naît l'inspiration, il est l'écrin de nos pensées, de nos réflexions, de nos rêves, tout comme l'avant-première de chacune de mes chansons. Tu n'es pas un métier comme les autres. Aucune pancarte ne balise tes itinéraires, aucun diplôme ne sanctionne tes études de Bach + 10, pas un titre ne dessine l'horizon d'une carrière, nul concours ne permet d'entrer dans le public… Seul un instinct féroce et une lucidité parfaite permettent de rester soi-même face aux experts qui fauchent le talent à l'instant de le cueillir. Depuis que le directeur artistique a laissé la place au directeur financier dans les couloirs des studios d'enregistrement, tes actions sont en baisse vertigineuse, tes maisons de disques fondent autant qu'elles fusionnent, copient des disques plus qu'elles n'en pressent, fabriquent des artistes davantage qu'elles n'en découvrent. Chacun suit sa ligne, fidèle aux annonceurs qui demandent de l'audience. Au bout de la chaîne alimentaire, la radio « radiote », calée sur la fréquence de nos ondes bêta. La chanson redécouvre tes lettres de noblesse en compilant le passé. La télévision, qui affiche la bonne santé d'une mer étale sur écran plat, décroche tes futures étoiles filantes au Michelin des *Relais et Châteaux*, entre quatre murs de verre, pour débiter leur véritable histoire sur nos cartes bancaires.

J'ai eu la chance d'atteindre l'oreille du public avant que le pont-levis ne se lève sur ce huis clos inondé de lumière, d'argent et de plaqué or, que je n'arrive pas à confondre avec toi, mon cher métier, où six cordes de guitare et quatre mots suffisent à faire battre les cœurs.

Et loin de l'agitation fébrile qui nous étourdit de musique jusque dans les parkings, les boutiques, les gares, les aéroports, les ascenseurs, les attentes téléphoniques et les sonneries de nos portables, je t'adresse cette simple lettre, pour te remercier de m'avoir offert, depuis plus de trente ans, le privilège de préserver ma liberté d'écrire, de produire, d'éditer et de chanter selon mon cœur. Entre nous, c'est à la vie, à l'amour. Sentir le public « embarquer », trouver le tempo parfait et s'y maintenir ensemble avec les musiciens jusqu'au bout du morceau, sans métronome, sans prompteur, sans séquence préréglée, juste par la magie de l'émotion partagée, recevoir, en retour des mots, la vague de tendresse qui nous embrume les yeux sur la scène, et me sentir chez moi parmi eux, comme au sein d'une famille, c'est chaque fois te bénir de m'avoir choisi parmi tant d'autres pour être à ma place, pour m'avoir ouvert le cœur à tous ces inconnus. J'ai reçu de ta part infiniment plus que je n'aurais osé seulement rêver quand je t'ai rencontré. L'affection discrète et pudique du public, la reconnaissance de mes pairs, auteurs, compositeurs et éditeurs, le respect de la profession, le grand bouquet de ces récompenses officielles qu'on ne demande pas, qu'on ne refuse pas et que l'on ne porte pas, mais que j'ai pu dédier à mon père avant qu'il ne nous quitte, et le miracle d'être toujours présent, par-delà les générations, dans l'amitié d'un public respectueux et fidèle... Cette chance insolente a eu un prix, parfois lourd et douloureux, mais qui nous a conduits intacts jusqu'à cet îlot inestimable d'indépendance, de plaisir et de liberté, où les rencontres artistiques et humaines ne sont entachées d'aucun faux-semblant, où chaque instant qui passe est le plus précieux de tous...

Il me reste la force, le désir, la passion.

Tu traverses une tempête dont les racines et la puissance sont insondables. La disparition progressive de tes supports matériels te fait vaciller sur tes bases, Internet te chatouille, cette fois tu ne t'en sortiras pas avec des recettes de cuisine interne et des succès providentiels... Il va falloir ouvrir les oreilles au développement durable de la relève et à la biodiversité des styles, offrir une vitrine à la démesure du talent qui foisonne en régions, retrouver l'équilibre entre le délire médiatique et le mur du silence...

Les artistes seront toujours les piliers du temple. Certains auront péri sous des flots d'incohérence, d'autres seront naufragés sur des plages inédites. L'arche de Noé des festivals, des producteurs indépendants, des *home-studios*, des radios locales et des petits lieux jouera son rôle de pépinière de talents, face aux *Titanic*, aux *Prestige* et aux *Amoco Cadiz* qui continueront à dériver sur les mers du monde, les yeux rivés au ciel à la recherche d'une nouvelle étoile géante…

Ne laisse pas passer cette occasion de montrer ta richesse, la vraie, celle qui fait d'un refrain l'image de toute une époque, celle qui t'a fait aimer la chanson pour ce qu'elle est : un morceau de rêve composé par l'amour d'un seul pour le bonheur de tous…

Assis devant le pommier de Claude Dejacques, je contemple les fruits de ce jardin secret, comme la moisson d'une vie.

Je t'aime jusqu'au bout de la route…

Yves

J'ignorais que c'était ma vie
J'ignorais mais j'avais envie
De chanter pour que tu sois fière de m'avoir choisi…

« Hommage au passant d'un soir »

À Monique Le Marcis

Ma chère Monique,

Notre histoire commune s'écrit en chansons et notre amitié se compte en décennies. Parfois, face à l'écho de tous ceux auxquels je suis supposé devoir ma carrière, je pense à vous qui êtes à la fois une des rares à pouvoir le revendiquer en toute légitimité et une des seules à ne l'avoir jamais fait… Car sans vous, entre autres, « Prendre un enfant » et « La Langue de chez nous » n'auraient été connues – et discrètement – que par le public des concerts ou par ceux qui possédaient les disques et les écoutaient en détail. Venue à la rencontre de ce public, vous avez reçu sa réaction sur le vif et décidé, plus d'un an après la sortie de ces deux albums, de programmer ces titres sur RTL comme s'il s'agissait de nouveautés. C'était déjà un geste courageux, en 1978 et en 1986, tout comme votre décision l'année suivante d'exiger que soit ajoutée « Prendre un enfant » dans la liste des chansons présélectionnées pour le « Hit-Parade du siècle », le sondage co-organisé par Canal + et RTL et dans lequel le public l'a finalement classée première. Cette belle suite, jouée à cœur, a rarement été écrite noir sur blanc. C'est important, je crois, qu'elle le soit. Ce furent des atouts majeurs pour permettre au public de découvrir une face moins visible de ce jeune artiste dont le succès un peu insolent s'était cristallisé jusque-là sur des airs plus légers. Parce que vous étiez – et que vous êtes toujours – à l'écoute, parce que vous aimez les artistes, ils vous rendent affectueusement le respect que vous avez semé tout au long de votre beau chemin à leurs côtés. Votre rôle était loin d'être facile et nous connaissons tous la pression permanente dont sont l'objet ceux qui ont en charge la programmation des grandes radios. Mais vous avez traversé ce métier comme un soleil, en l'éclairant de votre présence rassurante, sincère et authentique. Votre parole sans détours a toujours constitué un repère dans ce labyrinthe où les voix les plus discordantes semblent avoir souvent valeur de référence, et où la mode de l'instant imprime des choix liés aux formats d'antenne plus qu'aux véritables qualités des artistes naissants. Les « Album Première », où l'on attendait avec impatience de découvrir l'ensemble d'un nouvel album sur une journée, heure par heure, « La Nouvelle Affiche », qui proposait le parrainage d'un artiste par un autre, les « Mai de la Chanson » sur les « Bulles RTL », tout cela c'était vous... Chère Monique, je dois vous dire que peu de gens, dans ma vie, m'ont incité à pareil respect. Ce vouvoiement entre nous depuis trente ans en est une des manifestations, et chaque fois que je devais décrocher mon téléphone pour vous appeler, vous m'impressionniez... Georges Brassens, Félix Leclerc... et vous.

Nous avons beaucoup partagé de nos vies respectives, et vos racines communes avec Noëlle ont, sans doute, un peu aidé à ce rapprochement, mais, parmi l'impressionnante cohorte d'artistes rassemblés autour de vous par Laurent Voulzy lorsque vous avez mis fin à vos responsabilités au sein de RTL, tous n'étaient pas originaires de la Creuse… Ils vous exprimaient la même affection, doublée d'une profonde estime. Vous avez su rester très proche d'eux, tout en conservant cette distance inhérente à la fonction que vous exerciez pour ne laisser place à aucun soupçon de favoritisme à l'égard d'un seul d'entre eux. Je crois qu'ils l'ont toujours ressenti, au point que même aujourd'hui, sans statut particulier dans ce métier, vous êtes toujours une référence pour l'ensemble de la profession – qui n'est pourtant pas tendre avec les anciens responsables de programmes – et vous faites l'unanimité. Notre aventure commune se poursuit, libre désormais d'obligations de réserve et de liens professionnels, mais riche d'échanges et de souvenirs partagés. Vous n'êtes pas du bois dont on fait la forêt du *showbiz*, mais d'une essence différente, aux saisons fidèles, aux branches ouvertes où de nombreux auteurs, compositeurs et interprètes ont fait le nid de leurs chansons. Vous avez couvé de votre (RT)aile toute une génération d'artistes « sauvés des ondes » et si beaucoup sont encore là pour le dire, c'est qu'ils ont pu prendre leur envol et franchir, grâce à vous, le mur du son qui, dans notre métier, est trop souvent un mur de silence. Vous n'avez pas été la seule, mais vous avez été la plus opiniâtre à nous défendre, la plus intransigeante et la plus juste sans doute au cœur de notre paysage musical. Si vous n'aviez pas croisé la route de mes chansons, leur carrière aurait sans nul doute été moins longue et moins heureuse. Vous avez vu venir de loin le torrent qui submerge aujourd'hui les métiers du disque. Le public pense toujours – à tort, hélas – qu'il aura de toute façon accès au meilleur, et qu'il pourra choisir ses préférences parmi l'ensemble de la production. Mais pour ceux qui composent, qui écrivent ou qui chantent, lorsqu'ils parviennent à trouver un producteur, au-delà des musiciens, des ingénieurs du son et des directeurs artistiques, en aval de la maison de disques, des distributeurs et, malgré l'explosion du nombre des radios et des télévisions, la vitrine d'exposition n'a cessé de se réduire. Paradoxalement, dans le même temps, la place qu'occupe la musique au quotidien n'a jamais cessé de croître. À présent, nul ne parvient plus à endiguer l'hémorragie des ventes, l'implosion des majors, l'explosion du téléchargement. Vous aviez de la chanson la vision prophétique d'un développement durable. Vous misiez sur la relève et sur la diversité culturelle. Vous étiez un rocher solide sur un océan déjà instable. Capable encore d'agir sur la programmation « à la main » et sur l'instant, vous étiez adepte du coup de cœur et relativement libre ou, en tout cas, essayant de l'être le plus possible. C'est lorsque cette liberté s'est dégradée que vous avez souhaité reprendre la vôtre, et votre départ a marqué la fin d'une époque. Nous avons perdu une gardienne du temple, mais conservé une amie fidèle. Chère Monique, vous n'avez jamais écrit de chanson, mais vous avez déposé, sur les sillons de millions de disques, le diamant de votre existence, et la douce musique de vos paroles bienveillantes y restera gravée à jamais…

En affectueuse et profonde amitié,

Yves

La vie nous peint les jours au hasard du voyage
En amour en douleur ou en mélancolie
C'est un peu de ce temps qu'on laisse en héritage
Enrichi du regard qu'on a posé sur lui…

« Regard impressionniste »

À Renaud

Cher Renaud,

Jusqu'à cette interview à la télévision menée par Frédéric Mitterrand, où ta sincérité crevait l'écran, je ne connaissais de toi que le personnage, pas la personne. Et soudain, le sourire timide, tu te livrais, avec tes faiblesses, tes déceptions, tes colères et tes engagements profonds. Maladroit, mais déterminé, sous chaque difficulté, à trouver le mot juste, on sentait une volonté farouche de vérité, une âme claire dans un monde qui l'était moins… D'un voyage de dupes à Moscou à un concert frelaté pour « soutenir » des grévistes à qui l'on fait payer leur place, de récupération en malentendu, tu évoluais en terrain miné, comme un porteur d'étendard qu'on envoie en première ligne pour attirer le feu sur lui. En rupture de confiance, tu assumais tes convictions tout en serpentant, parfois, avec écœurement sur les sentiers tortueux de la nature humaine. En un mot, tu en prenais plein la tête et tu tenais le cap avec courage. Cet entretien, comme un moment de vérité, a été le point de départ de notre estime et du respect que tu nous inspires toujours… Et suivant des itinéraires parallèles, de ceux qui d'ordinaire ne se rencontrent jamais, nous nous sommes croisés avec bonheur… Tu es venu à la maison. Une soirée toute simple, autour des chansons, du métier, où l'amitié s'est assise à table avec nous. Sur le tapis du salon, au café, nos affinités étaient nombreuses… Patrick Pagès, notre ami cévenol, a rejailli aussi des profondeurs de ton enfance jusque dans notre paysage commun. Nous préparions la rentrée au Zénith et « Mistral gagnant » était au programme. Tu nous as offert en présentation du concert un texte serti d'humour : « Yves D. m'énerve…[1] » Ton hypersensibilité faisait de toi un être blessé. Au milieu du public, le soir, tu nous disais ressentir le regard des gens comme des lames de poignard… Quelques mois plus tard, dans une de tes chroniques à propos des droits de l'homme, tu me suggérais, avec le sourire, d'écrire à mon ami Chirac afin d'intervenir en faveur d'un prisonnier d'opinion condamné à mort par le régime argentin pendant que tu le signalerais de ton côté à Mitterrand… Je t'ai répondu sur le même ton – et je crois que tu as publié ma réponse – que, si « nos » prisonniers n'étaient pas toujours les mêmes, les démarches étaient semblables… Et nous avons convenu qu'un jour nous ferions ensemble un concert pour le Tibet… Nous l'avons fait depuis pour Ingrid Bétancourt.

Le hasard a voulu que la campagne pour la présidentielle coïncide avec ta rentrée en 1995. Interrogé sur ton choix par le journaliste du 20 heures sur France 2, tu lui réponds en direct de ta loge que tu pensais parler chanson, non politique, mais comme

1. Voir la lettre de Renaud : *Yves D. m'énerve*, p. 75.

il insiste, tu lui envoies un petit couplet sur les « bandits auxquels il faut barrer la route », qui fait soudain baliser la rédaction, au regard du CSA... Aussitôt, France 2 cherche une réplique pour rééquilibrer le débat. Le lendemain, j'étais interrogé à mon tour... Et le soir des résultats, à la maison, un feuillet sort de notre fax. Tu y as dessiné ton visage, avec des larmes qui coulent, et en dessous : « Bravo, et bonne chance... »

Dans notre monde ultra-codifié, qui cultive volontiers ce qui nous sépare, il est rare de pouvoir, en toute simplicité, partager ce qui nous rassemble. Nous avons en commun de nous être engagés, chacun de notre côté, pour des hommes différents, mais pour un même idéal de liberté, de respect, de vérité et de justice. J'ai le sentiment que ce lien entre nous survit au temps, à la distance et aux épreuves que la vie a mis sur nos chemins... Il m'est arrivé de faire appel à cette fraternité en des circonstances inattendues. Le ministre de la Culture m'avait chargé d'une mission sur la chanson française, et je m'acquittais de cette tâche dans les moindres détails. Il s'agissait, ce jour-là, de faire adopter par le Sénat un amendement créant la notion de « prix anormalement bas » du disque, pour sauver les rares disquaires qui survivaient encore à la concurrence fatale des hypermarchés. J'avais obtenu un rendez-vous à midi avec le ministre du Budget, Yves Galland, résolument opposé à cet amendement. Le matin même, le duel devait avoir lieu sur ce thème dans l'Hémicycle. J'avais demandé à Philippe François, sénateur de

Seine-et-Marne, de me soutenir. Et j'ai eu soudain l'idée de t'appeler pour que tu demandes à un certain sénateur de tes amis de participer lui aussi à ce vote même si, d'ordinaire, seuls les membres de la commission s'expriment en pareil cas. « Mon » texte l'a emporté – d'une voix. Quelques instants plus tard, Yves Galland me rejoignait comme prévu au Café de Flore : « Bonjour ! Je ne sais pas comment vous avez fait, mais bravo… » Merci Renaud !

La gouaille de tes chansons, ton côté « provoc », ta façon de tourner sept fois ta langue française dans ta bouche d'incendie pourraient occulter, pour certains, l'homme de culture qui se cache sous le cuir rugueux de ta veste. Tu m'as cloué sur ma chaise à la Dictée de Pivot dans l'amphi de la Sorbonne, quand je t'ai soutenu mordicus une erreur manifeste de genre et d'accord sur un mot rare… Respect !

Ces petites touches impressionnistes ont fini par former un tableau, couleur d'estime et d'affection réciproques. J'ai découvert le bois tendre dans lequel est taillé ton cœur à travers des joyaux d'écriture comme « Dans ton sac » ou « Son bleu », dont j'aurais bien aimé avoir eu l'idée avant toi… mais que je n'aurais su réussir aussi bien.

Je n'ai jamais connu de toi que le côté « Renaud », et pas le côté « Renard »… Aucune vie n'est rectiligne, mais l'avenir en revanche me semble à nouveau lumineux entre tes mains… Superbe tournant d'une vie « art-gothique » flamboyant, je vous souhaite tout le bonheur du monde pour la nouvelle architecture « Romane » qui s'ouvre à vous en musique, en amour et en paix… J'espère que nous aurons bien souvent l'occasion d'en partager ensemble les plus beaux moments...

En toute affection,

Yves

Chacun de nous dans son domaine
Participe selon son cœur
À la grande aventure humaine
Par sa quête vers le bonheur

C'est l'idéal de notre enfance
Qui nous porte à rêver plus haut
À cultiver nos différences
Pour bâtir un monde plus beau...

« L'Enfant poète »

Yves D. m'énerve !

Yves D. m'énerve parceque, quand je lis ses textes, j'entends une musique comme si ses mots étaient des notes, comme si ses phrases chantaient toutes seules. Avant, ça ne m'avait fait ça qu'avec Georges B. Charles T. ou quelques rares autres.

Yves D. m'énerve parce que quand ses chansons me choppent à l'aube * sur mon radio-réveil, j'en ai généralement jusqu'au soir à les chantonner même si je n'en connais pas les paroles. Vous me direz : ça peut aussi faire ça avec une chanson de Licence Q. ou de Début de S. oui mais là on souffre … Surtout si on connaît les paroles…

Yves D. m'énerve parce que, dans son dernier album énervant il écrit pour sa femme de bien jolis mots d'amour que j'aimerais dire à ma gonzesse, compose pour sa fille des chansons que j'aimerais chanter à ma môme, des chansons sur l'amitié qui plairaient à mes potes, des chansons un peu mélancoliques sur l'enfance qui rouvrent des blessures dans mon cœur d'adulte et qui me rappellent que " la mélancolie c'est le bonheur des tristes" dixit Desproges.

Yves D. m'énerve parce qu'avec son air de ne pas y toucher il chante l'Essentiel : l'Amour et la Liberté et l'amour de la liberté.

« Mais plus haut que les citadelles
Plus solides et plus résistants
Sont les murs qu'ont bâti la haine
Et la peur dans le cœur des gens... »

Yves D. n'eut jamais écrit que ces vers-là qui sont du bois dont on fait les poètes, que je lui pardonnerais quand même de s'être fait décorer par quarante Académiciens.

Mais, Dieu me tripote, des comme ça, habillés de musiques jolies, Yves D. en a encore des milliers dans sa guitare et sous sa petite casquette.

Il va vous les offrir ce soir et je parie que vous serez énervés** vous aussi.

Renaud

* Ben quoi ? Huit heures du mat', c'est l'aube non ?
** ENCHANTÉ !!! PAS ÉNERVÉ ! Enchanté, voilà le mot que je cherchais depuis le début...

À Véronique Sanson

Ma chère Véro,

Comme des dauphins qui font route ensemble, nous nous apercevons en crevant la surface, en bondissant hors de l'eau. Nous sommes d'une même famille, de cette indéfinissable fraternité qui passe, sans doute, par la musique, mais qui va bien plus loin qu'un simple accord de passage. La tendresse qui nous relie est bien réelle et dure depuis longtemps. Aux Francofolies de La Rochelle, pour ta « Fête à Véro », Bernard Sainpaul m'avait proposé de venir t'offrir ma version de « Mon voisin ». J'adorais cette chanson depuis toujours, sans savoir que c'était Violaine et toi qui l'aviez composée. Arrivant tout droit de Montréal, encore en plein décalage horaire, je n'avais pu répéter sur la grande scène et j'étais terrorisé à l'idée de rencontrer ton public. À ton arrivée en coulisses aux bras de Bernard et de Jean-Louis Foulquier, Noëlle et moi avons croisé ton regard et ta fragilité nous a émus. Tu avais peur, de cette peur viscérale de faire face à dix mille spectateurs en attente du meilleur de toi, la peur de décevoir peut-être, de manquer le rendez-vous... Du coup, l'angoisse que j'éprouvais aussi est descendue d'un cran et je me suis avancé pour te rassurer, te calmer. Je ne sais si j'y suis parvenu, mais cet instant et ceux que nous avons partagés sur scène un peu plus tard ont semé la graine d'une profonde amitié. À la fin du concert, nous nous sommes glissés jusqu'à ta loge. Nous avons frappé, tu nous as ouvert. Nous avons passé un moment tous les trois à parler simplement, pour ne pas sortir de cette bulle d'émotions où nous avions voyagé ensemble, pendant deux heures, sur les ailes de tes chansons... Depuis, le lien ne s'est jamais dénoué. De coups de fil en fax, d'e-mails en courriers, les nouvelles se croisent, et l'amitié se poursuit, simplement.

Tu es bouleversante de sincérité. Dans tes chansons, dans ta vie, tu ouvres ton cœur comme sur le clavier. Avec douceur, violence et générosité. Un volcan de tendresse sous les doigts, tu transformes en musique cette soif d'amour qui t'accompagne à chaque pas, à chaque mot. Tu es sans doute l'artiste qui écrit au plus près de l'émotion. Pas un sentiment ne nous échappe, on peut lire dans les lignes de tes mains les épisodes de ta route, si dramatiques soient-ils. Du pire même, tu nous offres le meilleur. Ta vie se déroule ainsi, presque sous nos yeux, tes mots d'amour nous rendent complices des instants où le bonheur t'échappe, où les regrets te hantent, où le désespoir te submerge. Mais aussi des moments où la musique te transporte, où le soleil t'inonde. Il est souvent difficile de décrypter les messages, de deviner à qui ils s'adressent, mais même si le mystère reste entier, les émotions sont justes et le talent qui les exprime est immense.

Si nos vies diffèrent dans leurs déroulements parallèles, une sensibilité quasi familiale nous rapproche dans le chagrin, le doute ou la détresse. Je revois Noëlle échanger avec toi l'expérience de moments douloureux au téléphone quand ton papa s'en allait peu à peu... Et nos chansons pourraient sembler éloignées s'il n'existait entre elles des ponts comme sur les deux rives d'un même fleuve. Lorsque tu as enregistré « Mélancolie », certains ont pensé que la chanson était de toi... J'en suis très honoré. Nous l'avons chantée « ensemble » tous les soirs pendant trois ans : toi au piano sur un écran et moi sur la scène. Je garderai longtemps le souvenir du tournage de ce duo virtuel, au Théâtre de Saint-Germain-en-Laye, où tu t'es prêtée au jeu de cette séquence inattendue, que m'avait inspirée Marciel et son « Cinéma-Théâtre[1] » mais pour laquelle, la veille au soir, nous n'avions toujours pas trouvé de caméra pour filmer ! Et le miracle a eu lieu, grâce à la complicité de nos amis Michel et Dominique...

Tu n'as jamais pu voir le résultat final en concert, alors je te raconte.

Sur l'écran, en fond de scène, tes mains apparaissent sur le clavier pour l'intro. L'image remonte vers ton visage et tu chantes :

« Il y a des jours où quand le jour se lève...
On voudrait rentrer tout au fond d'un rêve... »

Je prends le relais sur scène, en son direct, puis ensemble, à deux voix et deux pianos...

---

1. Marciel : personnage central du spectacle de Marc Hollogne.

« Et puis soudain lorsque le clocher sonne
Il y a des jours où l'on n'a plus personne... »

À la fin de la chanson, alors que tu vocalises sur l'accord ultime, je bondis vers l'écran – façon Woody Allen dans *La Rose pourpre du Caire* – pour te rejoindre *dans l'image*, où nous saluons tous les deux... Je t'embrasse et m'esquive hors du champ. Trois secondes plus tard, je reviens sur la scène et me retourne vers ton image pour te faire signe de la main. Tu souris, tu me réponds d'un geste, tu salues le public... Fondu au noir sur ton visage... Le tour est joué. Le public, après un instant de silence, t'ovationne avec tendresse...

Chaque soir, pendant ces trois ans de la tournée acoustique, je jubilais à l'avance de cette jolie surprise et de la perfection musicale de ton jeu de piano, sur lequel je réglais le mien avec bonheur... Ce clin d'œil était un moment de grâce.

Récemment, tu nous as invités à la projection de l'émission que t'a consacrée France 3, « La Douceur du danger ». Nous sommes sortis de la salle sur un nuage, abasourdis. L'aventure de ta vie est un véritable roman, une succession de drames, de cataclysmes, de ruptures sur fond de musique et d'amour. Mais, le plus extraordinaire, c'est le récit que tu en fais. Simple, lumineux, teinté d'humour et de tendresse pour ceux qui t'entourent. Reflet des profondeurs d'une âme généreuse et sincère, tu regardes sans complaisance tes erreurs et tes errances. Et, toujours, cette lumière, ce sourire qui inondent tes mots... Ni confession ni thérapie, c'était seulement un partage, comme un rayon de clarté pour replacer certaines de tes chansons dans leur contexte. Une émission inoubliable de pureté, d'évidence, où l'on découvre le regard clair de tes parents, et leurs soixante ans d'amour...

Ma chère Véro, je voulais simplement te dire combien j'aime cette complicité, ces petits mots échangés par tous les moyens que la technologie nous offre, juste quand ça fait trop longtemps, quand tu as peur de ne pas écrire, quand tu es malheureuse... Tu es toujours sur notre ligne d'horizon. En larmes ou en espoir. Nous sommes loin, et toujours tout près. Quelque part dans la nuit, il y a une fenêtre allumée, où veille notre tendresse pour toi...

Noëlle se joint à moi pour t'embrasser,

Très affectueusement,

Yves

Ouvrir son cœur à tous les vents qui passent
Et qu'un matin tous les chagrins s'effacent
Pour oublier dans le bonheur qu'on donne
Qu'il y a des jours où l'on n'est plus personne...

« Mélancolie »

À Raymond Devos

Mon cher Raymond,

Tu es entré dans ma vie par un simple coup de fil, en 1985, pour me remercier d'une chanson[1]. C'est très rare dans notre métier. Et ce coup de téléphone est resté comme le fil rouge de notre amitié.

Pour l'un de mes anniversaires, tu m'appelles : « Je ne sais pas combien tu as, mais tu ne les fais pas… »

Le fil des mots nous relie, mais plus encore, il nous attache à toi. Des mots de tous les jours en habit du dimanche… Des mots « zaïques » qui composent des images, des mots « zart » qui font de la musique, des mots « niaques » qui font de toi le Machiavel de l'absurde, qui nous entraînent au bout du fil. Mais à quel bout ? Et à quel degré ? D'ailleurs, sait-on vraiment à quel degré bout le mot « bout » ?

Mais malgré mon désir de te suivre sur ce fil – et jusqu'au bout –, je préfère t'accompagner au sol, et regarder en l'air pour suivre avec envie et admiration le funambule que tu es enfiler les mots, comme des perles, et les graver dans le monde de l'imaginaire, celui où rien ne s'efface.

1. « La Langue de chez nous ».

Je te dois les plus beaux de mes rires. Ceux qui jaillissent avec ce léger temps de retard que prend l'absurde pour explorer la logique, et qui se retrouve au rond-point de départ, où tu nous attends, avec un sourire malicieux. L'incroyable légèreté de ta corpulence, celle du contribuable qui se redresse à la faveur d'un abattement et qui s'effondre face à un redressement. Quand tu marches à l'envers, quand tu cours au ralenti, j'applaudis, je jubile. Même tes plus belles phrases musicales sont des traits d'esprit. Un soir de spectacle, je t'ai vu broder un quart d'heure sur le fil de l'araignée apparue aux yeux de tous dans le faisceau d'un projecteur… et que certains ont pris pour un vrai sketch ! Je sais la somme de travail qu'exige chacun de tes textes, les chemins tortueux que tu empruntes pour que tes verbes obéissent à leur dresseur d'« ani-mots » sauvages. Mais j'apprécie, par-dessus tout, que ton humour ne fasse jamais de victimes. On n'y relève aucune trace de méchanceté, ni de dérision. Sur le velours rouge sang du théâtre, aucun blessé par éclat de rire… Ceux qui écrivent reconnaissent en toi un maître des mots, un jongleur d'émotions. Chapeau haut, Monsieur Devos…

Nous savons aussi le chagrin que tu n'as pas dit, les larmes que le clown a versées depuis que Françoise nous a quittés. Elle était dans le monde réel ce que ton imaginaire n'avait pas espéré. Elle a enluminé ta vie comme un livre précieux, et puis elle s'en est allée, après avoir semé des étoiles sur ta voix lactée et du bonheur à foison sur nos routes, qui se sont croisées souvent grâce à elle…

Je voudrais te dire, mon cher Raymond, toute ma tendresse, mon admiration et ma profonde amitié. Voilà, je t'aime. Et c'est simple comme un coup de fil.

Affectueusement,

Yves

C'est une langue belle à qui sait la défendre
Elle offre les trésors de richesses infinies
Les mots qui nous manquaient pour pouvoir nous [comprendre
Et la force qu'il faut pour vivre en harmonie

« La Langue de chez nous »

À Françoise

Françoise Maucq fut, en Belgique et en France, l'ambassadrice de mes chansons auprès du public, puis elle est devenue la productrice de mes concerts et une amie d'exception…

Chère Françoise,

L'amitié, parfois, revêt le visage de l'inconnu(e) qui passe, et dont la vie, insensiblement, se noue à la nôtre. Il y a plus de vingt-cinq ans, tu m'avais dit en me croisant en Belgique : « Je rêve de travailler pour vous », et je t'avais répondu simplement : « Si ça doit se faire, ça se fera… » J'ignorais alors le bonheur qui s'ouvrirait à nous. Et ça s'est fait un peu plus tard, à l'occasion d'une série de concerts au Théâtre des Beaux-Arts à Bruxelles. Ensuite ça a débordé sur la France, et sur le monde. Puis chez nous, en famille, où l'amitié, peu à peu, a fait place à un attachement de plus en plus profond. Si, à présent, ta tendresse et ta générosité ne s'évoquent plus hélas qu'au passé, je suis convaincu que là-haut, inlassable *pasionaria*, assise à la droite du Grand Responsable de la Programmation universelle, tu fais encore – ou déjà – l'apologie de notre parcours pour nous ouvrir une voie lumineuse auprès des saints du paradis… Grâce au regard différent que tu portais sur notre métier, et qui t'a donné une approche originale pour les défendre, tu as offert tant d'enthousiasme, tant de sincérité aux artistes que tu représentais que tu as redessiné ton rôle au profil de ta passion, en accompagnant leur carrière comme personne ne l'avait fait avant toi. Sérieuse et appliquée, déterminée dans tes initiatives et animée d'une désarmante candeur, comme si tu n'étais jamais vraiment sortie de l'enfance, tu savourais à l'avance tous les bons coups que tu préparais en douce. Tu t'es toujours inscrite en contrepoint de la morosité ambiante, et tous les souvenirs qui nous reviennent ne sont que joie et bonheur. Il nous reste l'image de ton sourire malicieux de petite fille prise en faute et heureuse de l'être, de tes yeux si beaux et si clairs, de ton irrésistible don de persuasion qui emportait l'adhésion de tous ceux que tu voulais convaincre, cette façon particulière de gagner la sympathie, la confiance, puis l'amitié de tous ceux que tu as côtoyés. Chacun savait qu'il était inutile d'essayer de résister à tes coups de cœur, à la force de tes rêves qui finissaient toujours par devenir réalité.

Lorsque, à la sortie de chaque nouvel album, nous faisions ensemble en Belgique le tour de la presse, des radios et des télévisions, je me sentais en confiance, comme protégé par le respect absolu que chacun te vouait. Ces journées passées en ta compagnie étaient aussi l'occasion de longues conversations. Je suis venu des dizaines de fois à Bruxelles, mais je suis toujours incapable de m'y orienter : absorbé depuis toutes ces années par nos dialogues insatiables, je n'ai jamais repéré l'itinéraire qui conduit de la Grand-place à la gare du Midi ! Maintenant que tu n'es plus là, Bruxelles me semble bien silencieuse...

Quand tu as voulu m'accompagner au Québec en tournée, nous ignorions tous que ce serait la dernière fois. Ce fut un bonheur pour moi d'essayer d'être à la hauteur de ton estime en t'offrant le spectacle du « champion du monde des publics », dixit Francis Cabrel, qui, à bien des égards, me rappelle celui, vibrant et chaleureux, de la Belgique, auquel tu as fait découvrir et aimer mes chansons à la force de ta conviction. Chaque soir, de Montréal à Trois Rivières, tu t'asseyais dans la salle. Tu étais aussi de ce public-là...

J'adorais te chanter mes nouvelles chansons, te lire les textes fraîchement écrits, et même parfois te montrer des « chantiers » en cours. Cette connivence est très rare, une chanson inachevée est un peu comme un brin d'herbe entre les pavés. Il suffit d'un pas malheureux pour l'anéantir. Ton enthousiasme était tel qu'il me devenait un tremplin pour finir la chanson...

Si réussir sa vie, c'est faire ce que l'on souhaite le plus ardemment au monde, en cultivant l'amour de ceux qu'on aime, et pouvoir être fier de ce que l'on a fait du temps qui nous était donné, alors ma Françoise, tu as réussi ta vie. Tu t'es gravée en douceur et en profondeur dans notre histoire à tous, et en particulier quand ta main a rencontré celle de Raymond, qui fut l'immense passion, l'amour fou de ta vie. Tu n'auras rien fait comme tout le monde, mais tu auras su aimer comme personne. Et si je m'adresse à toi, c'est que j'avais besoin de te parler loin du tumulte, dans le calme serein de ta présence autour de nous. Il n'est pas un seul concert sans que tu ne sois là, en coulisses, dans l'air des chansons ou dans l'émotion qui m'étreint sur la scène. Tu es intervenue à un moment critique, où je me demandais si chaque spectacle que j'étais en train de donner ne serait pas le dernier. Aujourd'hui encore, j'ai conscience du côté providentiel de ta présence à nos côtés. Certains pensent que l'on a chacun sa bonne étoile, son ange gardien. Tu ressemblais un peu aux deux. Je n'oublierai jamais la Tournée acoustique qui a débuté à Bobino en 1999, où, avec la complicité de Jean-Luc, ami et compagnon fidèle de tous les combats, vous aviez été tous deux si extraordinaires alors que Noëlle, en pleine tourmente, luttait pour sa vie. Le soleil qui s'est levé un peu plus tard devait beaucoup à la lumière de vos regards. C'est à partir de là que Noëlle t'a appelée « ma petite sœur de douceur ». Plus tard, quand tu as connu toi aussi la même épreuve, tu es devenue « sa petite sœur de douleur ». Désemparée devant ton désarroi, elle t'écrivait :

Ma p'tite Françoise,

Tu n'as sans doute pas évalué assez juste le rôle capital de ton aide dans mon retour à mon existence d'aujourd'hui, Yves et moi savons bien la part que tu as prise dans ce combat. Mais, moi, je sais ce qui ne se voit pas, je sais ta présence permanente à nos côtés pour que l'étincelle ne s'éteigne pas, que notre histoire ne s'arrête pas bêtement à cause d'un accident de parcours en forme d'avertissement. Tu m'as offert, avec tout cet amour, un cadeau d'exception : le temps de réfléchir, d'analyser, de me battre et de reconstruire avec un travail de remise en cause des priorités, et un changement de comportement face à elles.

Fondamentalement, je ne crois pas avoir changé, mais j'ai eu très peur, peur de laisser sur la route ceux que j'aime bien plus que ma vie, et le plus difficile a été de transformer cette peur en volonté combative pour ne pas les lâcher.

Aujourd'hui, c'est toi qui te bats, pour les mêmes raisons, même si l'épuisement te les fait perdre de vue à certains moments. Alors sois tranquille, occupe-toi à te refaire cette force de vie qui nous inonde dès qu'on te regarde, à nous de maintenir la veilleuse allumée pour qu'au bout de ce tunnel, la lumière t'éblouisse à nouveau. Ne sois inquiète de rien car rien n'est plus important que la vie, et c'est le grand projet qui doit t'habiter.

Ils sont nombreux ceux qui t'aiment, et leur amour te protège pour que tu sois libérée de tout l'accessoire pour aller au seul but essentiel.

Quelques semaines, quelques mois et tu seras de nouveau battante, les projets ne te font jamais défaut…

Alors, ma petite Françoise, petite sœur de combat, pour une fois et pour nous tous, laisse-toi aller à ne penser qu'à toi.

Noëlle

Un joli matin, tu nous as appelés sur le portable, tu te sentais bien, tu as voulu partager ce mieux avec nous, et ton fameux sourire irrésistible dans la voix, tu nous as glissé innocemment : « J'espère que je ne vous dérange pas ?... Si par hasard vous étiez dans le coin et que Yves ait sa guitare, il pourrait peut-être me chanter une ou deux chansons pour moi toute seule ?... » Nous étions à Précy, très loin de Neuilly. J'ai pris ma guitare et nous sommes partis aussitôt pour l'Hôpital Américain. Tu as bu chaque mot, chaque note de ces chansons que j'étais si heureux de te chanter « pour toi toute seule », et nous avons fait des projets pour que tu viennes en Corse te faire câliner pendant une semaine chez nous. Quelques jours plus tard, tu sombrais dans le coma.

Personne ne voulait croire que tu pouvais perdre cette bataille-là.

Tu es partie si vite que l'on a l'impression de ne pas avoir pu tout se dire, tout entendre de toi... Ta vie n'aura pas été assez longue à notre goût, mais elle pouvait difficilement être plus pleine et plus intense, plus étonnante et plus créative. Nous aurons eu la chance de te connaître et de partager avec toi les meilleurs moments de nos vies. Nos cœurs sont désormais ta maison. Nous te portons en nous avec fierté, avec reconnaissance, et avec une infinie tendresse.

Le soir du mercredi 12 mars 2003, à La Motte-Servolex, près de Chambéry, notre spectacle t'était entièrement dédié. Le public, qui le savait depuis le début du concert, a applaudi longtemps, debout.

C'était toi qu'ils ovationnaient. Et c'est à toi qu'ils disaient inlassablement : « Merci, merci, merci… »

Je rêve de travailler pour toi…

Yves

… Il existe en tout cas dans les anniversaires
Une part de magie qui fait surgir d'ailleurs
Les visages ou les mots de ceux qui nous sont chers
Des êtres qui nous manquent et dorment dans nos cœurs

Ils sont là quelque part pour un instant fugace
Et dans les joies souvent qu'ils partagent avec nous
Se rendorment certains que rien n'a pris leur place
Et que leur souvenir nous est resté très doux…

« Les Dates anniversaires »

À Marie-Odile

Chère Marie-Odile,

Ton nom résonne en moi comme une onde de protection, ton souvenir nous accompagne pas à pas dans l'avenir que tu as ouvert et préservé... L'œuvre de ta vie est écrite dans la chair de tous ceux auxquels, comme Noëlle, tu as apporté le réconfort de ton savoir discret et efficace, pour reconstruire l'équilibre vital compromis par la maladie, que les traitements ont laissé exsangue. Ton champ d'action était souvent un champ de bataille... C'était le cas lorsque nous sommes venus te voir pour la première fois. Trois grandes heures d'écoute, de questions et d'observation pour ce premier contact. Une approche globale, impressionnante de justesse et de logique. À travers tes mots, tout semblait reprendre sens et, au cœur du tumulte, des repères s'allumaient. La médecine a beau avoir fait des progrès considérables, il n'empêche que le tribut reste lourd pour les malades qui traversent cette épreuve. La souffrance, le courage et la volonté qu'il leur faut pour en sortir rendent le fil ténu de leur vie bien plus précieux encore... Tu t'es saisie de cette dentelle, et tu en as renoué patiemment la trame effilochée, fil après fil. Entre les vagues de chimio, tu as distillé des vagues de vie. Très vite, un lien de confiance, d'affection et d'humour s'est tissé entre nous et, comme je soignais Noëlle selon tes précieux conseils, tu m'as gratifié rapidement du titre de « cher confrère »... Au fil des mois, les examens de Noëlle corroboraient tes intuitions et, en réponse aux étapes douloureuses, tu apportais la précision de ton diagnostic, l'apaisement par des solutions particulièrement ajustées.

C'est une véritable course contre la montre qui s'engageait en équipe pour prendre la maladie de vitesse en catalysant toutes les ressources d'énergie disponibles. Nous avons côtoyé sur ce « parcours du cœur battant » des médecins et des soignants extraordinaires. Tu as été déterminante dans ce combat, autant par ton savoir et ton travail inlassables que par ta disponibilité, ta bienveillance et ta rigueur. Si nous nous sommes connus, c'est grâce à Geneviève[1], la responsable du service de chirurgie où Noëlle a été remarquablement soignée et prise en charge. Ces rencontres, de proche en proche, sont comme un itinéraire jalonné d'étapes, comme autant de signes à décrypter, une chasse aux trésors de la vie...

Merveilleuse Geneviève, qui lutte contre l'obscurité en semant de la lumière sur son passage... tout comme toi, qui voulais soulager, comprendre, changer le sens du malheur. Tu avais juré à ton père, décédé d'un cancer dans tes bras, de « tuer ce qui l'avait tué ». Tu es devenue médecin par défi. Pour vaincre la fatalité qui avait emporté déjà ton frère... Pour ouvrir de nouveaux sentiers vers la santé comme un chercheur de lumière, une semeuse d'espérance. Et ton dévouement ira bien plus loin qu'on ne

1. Voir la lettre à Geneviève, p. 109.

pouvait l'imaginer. Un jour, au téléphone, parce que tu n'avais pu accepter de recevoir l'un de nos proches, faute de disponibilité, tu m'as confié qu'atteinte toi aussi de ce mal depuis sept ans tu ne pouvais plus prendre aucun nouveau patient et que, compte tenu de ta fatigue, tu n'acceptais déjà plus que deux rendez-vous chaque jour ... Par choix délibéré et mûrement réfléchi, tu avais décidé de refuser pour toi-même les traitements lourds, pour pouvoir continuer à soigner tes malades le plus longtemps possible... Tu te soignais seule, usant de toute ta science pour économiser tes forces et compenser tes faiblesses. Parfaitement consciente que l'issue serait fatale, tu m'expliquais qu'en l'absence de mari et d'enfants tu souhaitais rester utile jusqu'au bout, préférant selon tes propres mots « la qualité à la quantité », quitte à t'effondrer ensuite d'un coup. Avec panache, tu voulais mettre un point d'honneur à ne pas mourir de ton cancer, mais d'autre chose, histoire d'avoir le dernier mot face au dernier mal... Puis tu m'as demandé de ne rien dire à Noëlle, pour ne pas la troubler. J'étais bouleversé... Notre complicité, liée par ce secret si lourd, est devenue affection. Je savais désormais que tes jours étaient comptés, que tu l'avais accepté depuis longtemps, et je sentais que ta foi profonde donnait une dimension spirituelle à cette injustice. Tu étais toi-même fragile de cette force que tu insufflais à tant d'autres... Je n'ai pas pu cacher très longtemps la vérité à Noëlle... La lui révéler fut à la fois un déchirement et une délivrance mais, pour elle, le choc fut terrible face au danger de te perdre. Tu étais devenue à ses yeux une sorte de grande sœur, un recours, et son attachement pour toi était à la mesure de ton engagement : immense et constant. Elle fondit en larmes dans mes bras. Liés par la promesse que je t'avais faite, nous avons respecté ce silence, en multipliant les attentions, les précautions, en profitant de chaque atome de ta présence… Le « cher confrère » a compris alors qu'il lui faudrait prendre sa part du relais, apprendre à mieux aider Noëlle à sa modeste mesure en gardant le fil, comme un héritage de ton regard… Nous ignorions alors que la fin de ta route était si proche. Déjà depuis quelque temps, comme je te posais des questions sur le rôle de tel ou tel remède, tu me conseillais de « tout noter », et tu m'expliquais tout ce que tu pouvais, tout ce qui était à ma portée… J'ai noté, je note encore, et ces petits repères que tu m'as permis d'accumuler pour le futur étaient empreints d'une tendresse inouïe. Tes petits mots doux en Post-it fluo collés sur les ordonnances étaient partie intégrante de la prescription et sont gravés dans notre histoire. Et puis, bientôt, la faiblesse a pris le pouvoir, et tu as dû arrêter de soigner les autres pour te consacrer, pour la première fois peut-être, à toi-même. Ta sérénité face à la mort, cette faculté d'offrir ta souffrance à Dieu et l'incroyable cassette que tu as enregistrée, comme un message de l'Après pour ceux que tu aimais, nous a tous sidérés. Tu m'as dit au téléphone de ne pas être triste, que tu étais prête, que tu espérais quand même un miracle… et tu m'as demandé de chanter pour tes obsèques, quel que soit le moment. Nous avons choisi ensemble la chanson : « À ma mère »… Nous étions en contact quotidien avec Pierre, ton frère, qui est un peu devenu le nôtre dans cette épreuve, et nous respections ta pudeur, en échangeant des messages et des fax, jusqu'à cette visite que tu as souhaitée, et que nous avons préparée avec notre ami Jean-Michel di Falco. Il avait accepté de nous accompagner jusqu'en Bretagne où ton état s'aggravait de jour en jour. Peu de temps auparavant, Noëlle t'avait écrit ces lignes :

Chère, très chère Marie-Odile,

Nos vies se sont croisées, dans une détresse commune, sans que je le sache, mais toi tu as, ô combien, soulagé la nôtre. J'ai su dès la première rencontre que nous étions filialement unies, bien au-delà de ce que nous avons pu partager. J'ai la chance d'avoir une famille formidable, mais il est des rencontres sur le chemin de la vie qui sont essentielles au-delà de la raison. J'ose prendre la liberté de te dire combien nous t'aimons, combien nous t'admirons, combien nous te respectons. J'ai très souvent pensé à la sensation de la mission accomplie au terme du chemin, je m'y applique en conséquence, et je te regarde et je t'écoute encore. Grande sœur de cœur, bats-toi encore, résiste, il reste tant à faire... Rien ne m'impressionne plus que de ne pas te voir...

Noëlle

Ton cœur battait toujours en nous lorsqu'il s'est arrêté dans ton corps. Nous allions juste partir te rejoindre, pour déposer notre tendresse au creux de tes mains...

Chère, très chère Marie-Odile, tu as ouvert un chemin de réflexion, de bon sens et de lucidité qui ne se refermera pas. Ton minutieux et patient travail a semé, en nous et en bien d'autres, des graines d'un savoir qui germera et fleurira bientôt pour le plus grand bénéfice de ceux qui pourront ou voudront en récolter les fruits. Ils seront plus nombreux qu'on ne le croit aujourd'hui. Même si ton œuvre n'est pas aussi visible aujourd'hui, elle l'est à nos yeux, à nos cœurs.

Alors merci. Merci de nous avoir rendu la route plus facile, avec courage et conviction, de tout cet amour déversé sur la vie, de ce regard si vaste et si vrai qui nous éclaire toujours, et pour encore bien longtemps…

Tendrement,

Yves

Elle a fermé sa vie comme un livre d'images
Sur les mots les plus doux qui se soient jamais dits
Elle qui croyait l'amour perdu dans les nuages
Elle l'a redécouvert au cœur du dernier lit

Et riche d'un sourire au terme du voyage
Elle a quitté son corps comme on quitte un ami
En emportant la paix, gravée sur son visage
En nous laissant à l'âme une peine infinie.

« À ma mère »

À la Médecine

Chère Médecine,

Lorsque j'étais enfant, je faisais souvent le même rêve, où je soulageais ceux qui souffrent en prenant sur moi une part de la douleur. En vérité, j'aurais adoré devenir médecin, comme d'autres s'imaginent pompier ou cascadeur. Je me voyais très bien prendre le pouls du monde, la température des volcans, faire avaler des mixtures imbuvables en remède à tous les maux de la Terre, sauver l'humanité, mon dictionnaire médical sous le bras, telle *La Liberté éclairant le monde*... Hélas, je ne sais quel abruti a décrété un jour qu'il fallait être matheux plutôt que littéraire pour savoir poser un diagnostic et, comme mes paraboles semblaient meilleures en rédaction qu'en physique, mon sens de la formule n'a pas supporté qu'*y égale* ax^2, et mon rêve de médecine a sombré dans le naufrage de mes notes d'algèbre, proches du zéro absolu. Pour être tout à fait franc, même avec un diplôme, j'aurais probablement soigné avant tout mes accords de guitare et, finalement, mon métier d'aujourd'hui ressemble quand même un peu à ce rêve d'enfant... Mais je voue un culte, j'éprouve une fascination à l'égard de ceux qui, au terme d'interminables années d'études, consacrent leur vie à porter celle des autres. Le don pour les sciences qui m'a fait défaut au moment d'orienter ma vie, mon frère aîné, Roland, l'avait reçu en héritage, et j'ai partagé sa curiosité et sa passion pour la découverte. Ce stage de formation continue m'a donné le goût de comprendre, en toute humilité, mais avec acharnement, comment progressait la connaissance et, au-delà, l'envie d'approcher d'un peu plus près les phénomènes mystérieux mais logiques qui président à notre santé, ce miracle permanent, et à son déséquilibre, ce cataclysme qui nous guette au quotidien. Alors permets-moi, avec tout le respect que je te dois, d'enfiler une blouse blanche pour te rejoindre discrètement entre les lignes, entre les maux, dans les couloirs des labyrinthes du savoir où parfois, d'un pas assuré, tu cherches aussi un peu ta route…

Tu symbolises le dévouement, la compétence, la disponibilité, tout ce que nous avons pu rencontrer pendant le parcours où, sans l'avoir choisi, nous avons partagé ton quotidien à notre corps défendant. Mon premier réflexe, en t'écrivant, est de te rendre hommage. Avec tendresse, avec gratitude et de toute mon âme. Tu as sauvé notre vie, car la mienne aurait coulé à pic si elle avait perdu à la fois sa boussole, sa bonne étoile et son horizon. Si nous sommes encore sur les chemins de l'existence, c'est parce que toutes tes forces se sont conjuguées autour de nous pour nous ouvrir la voie vers l'autre rive, et que nous l'avons suivie avec confiance. Yves L., médecin de la douceur qui – incroyable prémonition – avait prédit à Noëlle quelques mois plus tôt : « Attention, tu es dans les conditions idéales pour faire un cancer. » Avec franchise et réalisme, il nous a orientés vers tes spécialistes : « Il n'y a pas aujourd'hui de solution alternative sérieuse aux traitements “durs”, opération, chimio, rayons. Traverse l'épreuve, je t'aiderai à te reconstruire après, mais vas-y. Courage... » Curie, l'endroit où l'on n'a pas le sentiment « d'être à l'hôpital », l'équipe en or massif où chacun, à l'image de tous, respecte autant l'éthique du malade que le protocole autour de la maladie. Krishna, le chirurgien qui nous a accompagnés sans jamais nous lâcher la main, d'étape en étape, jusqu'au « contre la montre », où le destin se joue en dix minutes, sur le fil du téléphone... Marc, le médecin de la douleur pour qui la souffrance doit rester dans l'antichambre et n'est même pas autorisée à frapper avant d'entrer... François, radiothérapeute qui rayonne de bienveillance et irradie la confiance... Geneviève[1], responsable de l'équipe post-opératoire, que nous avons affectueusement baptisée « Mère Curie », tant pour son côté « moteur » que pour sa vocation à s'ouvrir aux autres, à trouver des voies de réconfort et de respect pour les patients. Et tous ces regards de compréhension, ces oasis d'humanité, posées comme des îlots de quiétude, dessinaient des ponts, des passerelles, des gués, des radeaux de survie sur les tempêtes que nous traversions, et nous portaient un peu plus loin vers la berge et vers le salut...

Ta nature profonde nous a infiniment touchés.

Tu es aussi parfois là où tu crois ne pas être, là où la marge est minime entre la reconnaissance et le doute, là où le parallélisme évite soigneusement la rencontre, le croisement de deux mondes, l'officiel et l'autre. C'est de cela que je veux te parler. De Marie-Odile, à qui j'adresse aussi ici une lettre écrite à l'encre de notre

---

1. Voir la lettre à Geneviève, p. 109.

estime et de notre tendresse[1], qui n'entrait pas tout à fait dans les normes. Hors de la sphère hospitalière, mais recommandée aussi par cette dernière, elle était à la fois extraordinaire, efficace, et phytothérapeute… Elle ne prétendait pas guérir le cancer par les plantes, mais elle a été le complément d'objet direct relié au sujet pour que la phrase retrouve tout son sens. Étrangère à la distribution du film, elle était pourtant indispensable à son succès. Elle a joué un rôle majeur, essentiel, levé un coin du voile sur le scénario et en a sans doute changé sensiblement la fin… Son approche hormonale de la maladie et sa connaissance du fonctionnement intime de la cellule ont été déterminantes pour nous aider à comprendre comment on peut en arriver là et comment essayer de s'en sortir.

Elle était en cela la digne héritière de Georges, autre grand médecin qui a profondément marqué notre vie, affectueusement surnommé par ses élèves « le Petit Patron », et qui disséquait les anophèles pour étudier la transmission du paludisme par les moustiques. Un peu réfractaire aux bons conseils de l'Ordre, il n'est rien resté de ses travaux, sinon plusieurs milliers de malades qu'il avait soignés de leur amibiase, cette maladie rebelle que l'on croyait jusque-là cantonnée aux pays tropicaux. Dans ce registre, nous avons assisté récemment au combat homérique dont l'enjeu était le déremboursement de l'homéopathie, faute d'une efficacité prouvée. J'ai trop d'estime pour toi, tu ne peux pas décevoir tes amis en commettant de telles erreurs d'appréciation. Ouvre les

1. Voir la lettre à Marie-Odile, page 95.

yeux. Tes progrès dépendent de ceux qui cherchent. Et ceux qui trouvent une nouvelle parcelle de vérité sont précieux pour nous tous. Beaucoup d'approches différentes ont apporté des éclairages nouveaux sur les sciences traditionnelles, et le savoir est en pleine mutation dans bien des domaines. Tu ne fais pas exception à la règle, et si je conviens qu'il faut faire preuve d'une extrême prudence, il serait aberrant qu'une technique soit réputée inapte alors qu'elle est efficace. La pièce qui nous manque, c'est « comment ça marche ». Mais peu importe, puisque « ça marche »... Knock préférait qu'on meure dans les règles de la faculté plutôt que de survivre hors d'elle. Ne laisse pas tes vieux Knock tuer dans l'œuf un embryon viable de la santé. Il existe bien des chemins vers elle, et de nombreux pionniers sont en route. Sans leur laisser la bride sur le cou, accorde-leur le temps de faire leurs preuves. Le premier à avoir osé opérer a été brûlé sur le bûcher en tant hérétique. Il a pourtant ouvert un horizon sans limites. L'acupuncture, l'ostéopathie, la phytothérapie et tant d'autres techniques émergeantes sont-elles toutes l'apanage de charlatans ? Bien sûr, il y a des escrocs, des « profitologues » et des pseudo-thérapeutes comme il y a de mauvais médecins, des avocats marrons, des policiers ripoux, des notaires véreux, des banquiers malhonnêtes et des « maîtres » chanteurs. Le diplôme ne protège pas contre la fatalité, et la part d'inconnu qui fait de la médecine une science inexacte n'est jamais reconnue comme telle. Notre société affecte de savoir ce qu'elle ignore, elle plante le drapeau de ses certitudes sur la montagne de ses doutes. La connaissance est un domaine immense et partagé. Mais ses finances sont parfois troubles. L'amiante, le sang contaminé, la vache folle, les vaccins, les hormones de croissance ou le nuage de Tchernobyl ont payé l'addition des mensonges et la soustraction des solutions. Autour de ces silences, il y avait souvent l'intérêt d'un lobby, ou la protection d'un commerce florissant. Il en résulte une méfiance compréhensible à l'égard du discours ambiant. Approche-toi un peu, sors de la quadrature de ton cercle fermé pour entrer à nouveau dans la logique humaine dont la compassion a fait naître ta vocation à sauver, à soulager, à ouvrir d'autres voies. Le savoir donne le pouvoir. Mais il crée aussi une obligation de vérité.

S'il est clair qu'on ne guérit pas une appendicite avec des granules, il est tout aussi évident que la chirurgie ne peut rien contre une dépression. Chaque discipline trouve son domaine de compétence au sein d'une médecine multiple et cohérente, pourvu qu'on ne lui impose pas de tout guérir pour avoir droit de cité, ou de tout expliquer avant d'être utile. La première condition pour apprendre est d'accepter d'ignorer. Pour placer un nouvel élément sur le puzzle, on ne dispose pas toujours de toutes les pièces qui l'entourent. Ainsi, malgré les avancées dans la connaissance de l'univers, les astrophysiciens et les explorateurs de la matière n'ont-ils pas encore trouvé la loi commune à l'électron et l'infini. Entre la physique quantique et la relativité générale, la théorie du Tout est encore une énigme. Il reste donc un champ immense à explorer. De même, la qualité de ta recherche est un atout majeur dans la compétition contre les maladies les plus redoutables. Mais à vouloir généraliser les protocoles, à rationner pour rationaliser, contrôler pour régner, on élimine aussi parfois des pistes porteuses d'espoirs et des travaux prometteurs. Si j'ai bien lu l'enseignement de René Dubos, biologiste français à qui l'on doit la découverte des antibiotiques, père de l'écologie moderne, il convient « de penser globalement et d'agir localement ». Les grands décideurs de notre temps font souvent l'inverse. Ils généralisent des solutions échafaudées sur des cas particuliers, mettant tout le monde à l'heure du même méridien. C'est parfois aussi le cas des lois, applicables à tous, mais inapplicables à chacun, qui créent plus d'injustices que d'issues aux problèmes qu'elles sont censées résoudre... Tu es *la* noble cause par excellence. Ton chemin depuis l'aube de l'humanité est colossal. Il te reste à ne pas perdre de vue ton objectif premier. Préserver la santé. Le cheminement entre la survenue d'une maladie et les conditions de son déclenchement est loin d'être simple. Mais la question ne peut s'affranchir de notre réflexion. On confond souvent dépistage et prévention. À défaut de comprendre, on parvient à agir plus tôt. Mais si, d'aventure, on trouvait aujourd'hui « la » cause du cancer, et si l'on parvenait à l'éradiquer comme la variole, on mettrait sur le sable tous ceux qui en vivent. Terrifiante équation, qui place les catastrophes au cœur de l'économie, et fait craindre la découverte de la solution à toute la chaîne de ceux qui se nourrissent du problème... L'alimentation, le tabac, l'alcool, la drogue, la pollution, les accidents de la route sont tes premiers fournisseurs de patients. L'ignorance en est un autre… Outre ces chantiers qui exigent de toi courage et détermination, les plus grandes découvertes sont venues de là où on ne les attendait pas. Les évidences de demain sont donc encore, pour la plupart, impensables aujourd'hui, mais lorsqu'on ne peut plus les ignorer, elles nous obligent parfois à remettre en cause des certitudes désormais obsolètes. Ces avancées sont nées souvent d'un esprit et d'un seul, comme une intuition qui se confirme au laboratoire. Pasteur, Pierre et Marie Curie, Fleming ont travaillé ainsi en visionnaires, à l'écoute de leur logique personnelle. Toutes les techniques de la médecine ont été inventées, portées les unes par les autres comme une grande pyramide du savoir, toujours en construction. Ne laisse pas cet édifice grandir sans âme et sans ouvertures…

Je m'en remets à ta sagesse et à la noblesse du serment d'Hippocrate…

Yves

Petit Patron des nénuphars
Repose au cœur de nos mémoires
Ton travail n'est pas terminé
Tu dors sur tes lauriers
Mais c'est pour la première fois
Petit Docteur qui dort
Mais c'est pour la dernière fois
Petit Patron est mort…

« Petit Patron »

À Geneviève Borde-Muller
Responsable du service de post-chirurgie
à l'Institut Curie à Paris

Chère Geneviève,

Quand nous nous sommes connus aux premiers jours de juillet 1999, c'était à un tournant de notre vie. Notre dernière visite à Curie remontait à une dizaine d'années. Sous le choc d'une émission particulièrement émouvante autour du service de pédiatrie de l'Institut, nous étions venus y chanter pour les enfants, puis nous avons renouvelé l'expérience chaque année dans d'autres hôpitaux. Nous n'imaginions pas y revenir un jour, en consultation... Mais c'est bien grâce à cette rencontre que nos pas nous ont conduits vers la rue d'Ulm sitôt le diagnostic connu. Et c'est alors que nos chemins se sont noués, pour se tisser ensuite, encore plus serré. C'est toi qui nous as accueillis, toi aussi qui nous as rassurés, ta bienveillance a enveloppé notre angoisse d'un voile protecteur.

Ton accueil, tes mots justes, tes gestes sûrs et ton regard clair ont marqué de ton empreinte la totalité de ce séjour, et dédramatisé la situation autant qu'il était possible de le faire. Aucune routine ne semblait affecter ton service, pourtant confronté au quotidien à la détresse des malades et de leurs proches. On n'était plus « à l'hôpital » mais presque en famille. Krishna, qui allait opérer Noëlle, nous a inspiré une confiance immédiate, qui ne s'est jamais démentie. On sentait dans chaque regard, dans chaque séquence de soins, la même attention au détail, et le même respect de la part de tous, toujours... Le milieu hospitalier est bien plus qu'un plateau technique. On ne peut pas non plus le réduire à son aspect médical et hôtelier. C'est un passage, un lieu où la souffrance est souvent aussi morale, où l'on cherche des réponses à des questions fondamentales sur l'injustice de la maladie, la suite de son existence, le lien entre l'esprit et le corps qui vient de nous trahir ou de nous avertir... En ce lieu où la spiritualité, souvent, prend le relais de la connaissance, il est nécessaire d'être entouré, accompagné de compréhension pour défricher ce nouveau sentier à travers les méandres de la peur, face à l'inconnu. Tu as compris, intégré tout cela, sans un mot, sans philosophie superflue. À travers les idées que tu développes entre ces murs dont même les couleurs sont minutieusement choisies en fonction de leur effet relaxant, tu trouves des sponsors et des financements pour réaliser des progrès en matière de confort, de prise en charge, de soutien dans les démarches difficiles rendues nécessaires par les effets des traitements lourds. Tu joues en permanence le rôle de passerelle entre les deux rives d'un même fleuve, d'un côté les spécialistes reliés par l'ordinateur, les compte-rendus, les prescriptions, les conférences collégiales, de l'autre la personne autour de laquelle tous ces e-mails circulent sans toujours se rejoindre : le malade lui-même.

Pour aider les médecins à mieux ajuster le traitement de la douleur, tu as résolu de la rendre lisible jour après jour. Une règle graduée permet désormais au malade d'évaluer l'intensité de sa souffrance sur la base d'une échelle précise de repères. Cette méthode s'est généralisée depuis à bien d'autres services.

Ici, le conjoint est accueilli, hébergé même, s'il le souhaite, pour passer la nuit à côté de son époux. Lit d'appoint, douche accessible, tapis rouge et sourires. Réconfortante attention qui te ressemble bien… En tirant ce fil d'Ariane, j'ai compris qu'il était d'une tendresse infinie, inépuisable, et particulièrement résistante aux obstacles, tant administratifs que financiers. Tu défends tes projets comme une louve, et jamais tu ne lâches prise. Ainsi, dans ton service, un mécène de la cosmétique permet maintenant d'offrir aux femmes – qui souffrent dans leur féminité suite à l'épreuve qu'elles traversent – des séances de soins esthétiques gratuites qui les réconcilient avec leur image. Tes liens privilégiés avec une ancienne patiente ont généré un parti pris de musicothérapie du plus grand secours pour celles qui n'ont pas encore découvert leur potentiel de créativité. Elles disposent là d'un élément essentiel : le temps qui leur faisait défaut. Par principe, chez toi, on ne réveille jamais un malade qui dort, on réchauffe son repas et on préserve son repos.

Ta vie est loin d'avoir été un long fleuve tranquille et, mieux que quiconque, tu connais le prix de la quiétude. Pour l'avoir perdue un jour, tu sais la construire et la préserver au plus fort des tempêtes. Pour toi, chaque goutte d'eau pèse tout son poids dans l'océan que doivent traverser celles que tu accompagnes, et dans le désert de leur sablier, chaque grain de sable construit peu à peu la plage où elles accosteront. Mais la route ne s'arrête pas à la sortie de l'Institut. Il y a un après, et tu y fais merveille. Comment pourrait-il en être autrement ? Des amitiés se trament au fil des larmes, des joies et des victoires partagées dans l'intimité de ces quatre murs dont la seule raison d'être est d'en sortir. Le retour à la vie n'est pas plus facile que le combat qui a précédé. Des questions subsistent, on est plus fort en les posant à plusieurs. Dans le but d'abord de créer cette entraide tu as mis en contact entre elles des patientes dont l'expérience pouvait être utile les unes aux autres. Et, de proche en proche, tu as créé un petit groupe d'amis, où les conjoints sont les bienvenus, qui s'est auto-baptisé « Curie Crabe Club », le CCC... En retour, nous t'avons affectueusement surnommée « Mère Curie », pour ton rôle « moteur » bien sûr, mais surtout pour ta vocation à t'ouvrir aux autres, à trouver des voies de réconfort et de respect pour les patients. On soutient ceux qui traversent une mauvaise passe, on encourage celles qui rechutent, on pleure aussi parfois, mais on lève nos verres à la santé en riant comme des malades, on trouve que vieillir ce n'est pas si mal et que le pire, au fond, serait de ne pas vieillir...

Rigoureuse dans ta démarche, mais ouverte aussi à tout ce qui peut la consolider, tu n'hésites pas à compléter l'arsenal de la médecine traditionnelle par des techniques avancées, parmi celles qui ont fait leurs preuves. C'est toi qui nous as orientés vers

Marie-Odile[1], dont l'approche originale et généreuse nous a tant aidés.

Couronnée déjà à plusieurs reprises pour tes initiatives innovantes, tu réinvestis la totalité des prix ainsi reçus dans l'amélioration du service. Tu caresses à présent un grand projet, une idée encore inédite dans ce domaine, dont l'envergure et l'évidence constitueront une avancée considérable pour toutes les femmes qui devront à l'avenir traverser l'épreuve que nous avons connue. Il suffisait d'y penser... Tu l'as fait. Il te reste à réaliser ce nouveau rêve, avec l'amour de Jacques à tes côtés. Nous vous y aiderons de toutes nos forces. Ton amitié nous est précieuse, chère Geneviève, Mère Curie, la couleur bleue qui t'environne est le reflet du ciel pur de ton cœur. Tu es de celles qui changent la vie. Poursuis ta belle route, les chagrins et les peurs qui la jalonnent sont tenus en respect par la force de ta lumière, et par les éclats de ton rire clair.

Noëlle et moi serons toujours les petits soldats de ta grande armée, admirateurs fidèles de ton œuvre discrète et essentielle...

Tendrement,

Yves

---

1. Voir la lettre à Marie-Odile Renaudin, p. 95.

Lettre à Dieu

Mon Dieu,

Ma lettre commence comme une prière, et je m'adresse à toi un peu comme si tu m'appartenais. En vérité, c'est plutôt le contraire, j'appartiens à la race humaine, une espèce dont on peut se demander si elle est en voie de développement ou d'extinction, ou bien en extinction de voies... Quoi qu'il en soit, puisque ta Création se change en espèces, la nôtre n'est pas une valeur refuge... Cela m'amuse d'entendre les hommes dire que tu les as créés à ton image, les huîtres et les ornithorynques doivent se murmurer à peu près la même chose, ça laisse une certaine marge d'erreur... Je crois que tu as raison de rester invisible et silencieux. Les hommes ne sauront pas où frapper pour te détruire. Nul doute qu'ils le feraient, comme ils ont crucifié Jésus, comme les Chinois ont enlevé le panchen-lama au Tibet pour être sûrs de l'avoir à portée de main ou de fusil le moment venu. On est toujours sans nouvelles de ce jeune chef spirituel des Tibétains, mais je ne crois pas qu'ils l'aient déjà tué, pour une raison simple. Vivant, il est entre leurs mains. Mort, il se réincarnerait dans un autre enfant à naître et leur échapperait à nouveau. Un peu comme ton Fils, évadé du tombeau et ressuscité. Maître du monde est une place très convoitée, mais le poste n'est jamais vacant.

Les hommes pensent et agissent comme si tu étais responsable de tout. Comme si tu ne leur avais pas offert le libre arbitre en bonus, avec la vie. Alors, va pour les colères de la Terre et les catastrophes naturelles imprévisibles mais, pour le reste, ce sont avant tout l'ignorance, l'obscurantisme, la cruauté, la haine ou l'indifférence qui pèsent sur les malheurs du monde, plutôt que ta sagesse prise en défaut, au détour des guerres déclarées par nous. À la question « pourquoi Dieu a-t-il laissé faire ça ? », ne serait-il pas plus juste d'ajouter parfois : « par des hommes auxquels il avait donné le libre choix de perpétrer ces crimes ou de ne pas le faire » ? On serait plus proches de la vérité vraie... J'ai pourtant le sentiment que tu veilles sur chacun de nous comme sur tes enfants, en nous laissant agir comme nous l'entendons. Même si le merveilleux explose dans chaque grain de matière, la réalité n'est pas seulement un miracle permanent. Peut-être est-elle, pour toi aussi, un tissu de lois et de contraintes qui nous échappent encore et qu'il nous reste à découvrir ? C'est étrange, tout me dit que nous devons te protéger. Comme la Terre, comme la Vie. Nous croyons que tu nous protèges, mais l'inverse semble vrai également. Serait-il possible que nous ayons nous aussi un rôle à jouer dans ton Grand Voyage ? Ce monologue ressemble trop à une conversation, et je sens que mes questions se posent quelque part, comme on sème des graines. Si chaque réponse est un arbre et porte des fruits, quelle belle façon de se parler... Quel fructueux dialogue...

Puisque je t'ai au bout de ma plume, s'il te plaît, ne lâche pas ce fil qui nous relie. Je me sens parfois comme un cerf-volant et, si tu ouvres ta main, je tombe. La vie ne me porte plus. Tel un ouvrier sans architecte, un musicien sans partition, je crains de ne plus savoir. Alors, j'ai besoin de croire à ce que j'ignore, de l'imaginer… Parfois, ainsi, je compose, je construis, je crée. Et j'ai l'impression que tu m'entends. Je me sens heureux, paisible et rassasié.

Il y a dans mon esprit un peu moins de religion que de spiritualité, plus d'amour que de dogme… L'église où je prie le plus souvent est au profond de mon cœur, dans la crypte silencieuse où tu m'accompagnes jour et nuit, pas à pas. Je te prie, pour que tu poses les yeux sur ceux que j'aime, pour revenir dans ta lumière quand je m'égare, pour que tu me donnes la force et la clairvoyance, à la croisée des chemins…

Mon Dieu, je crois qu'il ne faut te déranger que pour des choses importantes, je vais donc te laisser mais si dans ton éternité, par miracle, tu trouves une minute, pourras-tu déposer un signe sur la route, en réponse à cette simple et douloureuse question… Pourquoi la souffrance ? Celle qui alerte juste avant la brûlure est utile comme celle que l'on doit traverser pour survivre. Mais celle du malade qui ne guérira pas, celle qui s'impose à l'approche de la mort ? Comment trouver un sens à cette torture inutile quand l'issue fatale ne fait plus de doute ? À quoi peut-on dédier sa souffrance lorsqu'elle est sans espoir ? Pourquoi doit-on tant souffrir pour rejoindre la bienveillante lumière de ta présence ?

Un jour, peut-être, je comprendrai…

Yves

Si je traverse encore les secrets de la Bible
Et l'écorce du temps jusqu'au cœur de la vie
J'irai jusqu'au Pays où Rien n'est Impossible
Et j'en rapporterai ce qui te manque ici

« Le Chemin du Pays où rien n'est impossible »

Au chemin de Compostelle

Éric de Kaernel m'avait invité à contribuer au numéro spécial du magazine Terre Sauvage, *associé à* Pèlerin Magazine *autour du pèlerinage de Saint-Jacques-de-Compostelle. Il fallait naturellement se rendre sur place et partager l'expérience au plus proche de la réalité. Ce surprenant voyage, qui a commencé bien avant le départ, se prolonge encore, bien au-delà du retour…*

Cher « Camino »,

Nous sommes tous à la recherche de la route la plus courte pour atteindre le bonheur, et de la plus longue pour le garder. Notre vie est un itinéraire dont la carte et la boussole ne nous sont données que sous forme d'énigmes à décrypter… Mais il y a parfois, dans le tumulte, des sentiers de traverse où l'on peut, l'espace d'une parenthèse, mettre ses pas dans des milliers d'autres, écouter leur empreinte et en laisser une à son tour…

Compostelle, ton « champ d'étoiles », est l'un d'entre eux. Tu n'es pas un chemin comme les autres. À l'idée de fouler les traces de milliers de pèlerins sur ta voie semée de légendes, bien avant de partir, on marche dans sa tête. Face à face avec l'immensité, étrangement calme, toutes les parcelles de spiritualité glanées jusque-là laissent entrevoir la mosaïque de leurs images.

Depuis Orthez, pour rejoindre Saint-Jean-Pied-de-Port en trois jours de marche, j'espérais appréhender le voyage comme l'un de tes pèlerins. Dès les premiers pas, je le suis devenu. La différence, c'est sans doute que le pèlerin marche aussi dans son cœur et cherche sa route en lui-même. À Orthez, les toits pointus évoquent des mains jointes comme pour prier. Première nuit à la Halte Jacquaire Municipale. Le jour n'est pas levé, le Pont-Vieux est encore illuminé. Jean, « porte-sourire » d'une conspiration d'amis, attend sur le pas de sa porte à l'autre bout du pont, pour m'ouvrir la route. Il propose de m'accompagner jusqu'à l'église Sainte-Suzanne, à trois kilomètres. Au-delà, c'est le vrai départ dans la forêt, au milieu de rien, mais au milieu de tout, relié instantanément aux êtres auxquels je songe... Sur ton chemin de solitude peuplé de présences, tous les symboles valent pour ceux de la vie. À l'affût des signes indispensables pour orienter la marche, aux aguets des émotions qui surgissent, entre la beauté de la route et les souvenirs qui remontent à la surface, je marche le cœur à ciel ouvert, pour ceux que j'aime. Comme porteur d'une parcelle de l'espoir commun, comme une étincelle dans la lumière du jour, dont aucune n'est plus importante que les autres, mais dont chacune peut être en situation, à un instant précis, de porter à elle seule l'espérance de tous, on se rassemble pour mieux s'offrir. Jamais je ne me suis senti aussi dépouillé, aussi riche. Vulnérable et serein... Rendre à chacun sa juste place dans l'univers, est-ce la vertu et le rôle de la spiritualité ? Chacun de nous constitue peut-être un morceau de réponse, une chance de défricher un petit bout du bon sentier…

Seul au cœur d'une forêt, on comprend soudain que si la force, c'est le nombre, l'idée de départ, c'est un seul. Un esprit qui se prolonge en mille corps pour démultiplier l'action, la rendre irréversible, irrésistible. Est-ce le modeste panneau aperçu à Orthez au passage sur la maison de Gaston Planté, inventeur de l'accumulateur électrique, juste avant la station Shell ornée de la coquille Saint-Jacques sur son enseigne lumineuse ? Les pas des hommes ne valent que par les chemins qu'ils ouvrent…

Mon bâton bien en main, compagnon utile et chaleureux, les paroles de mon beau-père reviennent : « On ne peut marcher en regardant les étoiles quand on a une pierre dans son soulier…[1] » Parvenu à Sauveterre-de-Béarn, je comprends le sens de l'expression « gagner un lieu » pour dire que l'on s'y rend…

La soirée au gîte sera un moment de partage familial et d'échanges d'une profonde richesse. Monica prédit : « Tu n'es pas au bout des révélations du chemin… »

Mercredi matin, au lever du soleil, la beauté et la lumière, la paix qui règne autour de toi, me font monter les larmes aux yeux. Et, toujours, tes petits signes, jaune et bleu, comme une fraternité d'inconnus. Absolument seul sur des kilomètres et, partout, une présence…

L'absence de signes parfois semble aussi être un signal : avancer malgré le doute, se forger sa propre idée, suivre son instinct.

---

1. Voir lettre de mon beau-père, Jean, p. 165.

À la Maison des Franciscains de Saint-Palais, frère Yannick offre la citronnade et son sourire bienveillant : « C'est l'auberge espagnole, mais certains croient trouver ici la solution et repartent avec leur problème… »

Notre part d'ombre nous accompagne toujours, mais elle n'a aucune existence propre. Elle n'est qu'un effet. L'ombre de nous-mêmes. Elle n'existe que par la lumière qui nous touche… Même si la route est encore longue, l'important est d'avancer. L'humanité, elle aussi, est sur le chemin de Compostelle… Il a ses « Caminodépendants »… Contrairement au sport, où tout le monde perd, excepté une élite que l'on porte aux nues pour sa force et son adresse, avant de la renier sitôt qu'elle décline, tout le monde, ou presque, est victorieux sur ton parcours. Ici, on se mesure à soi-même. Et l'expression prend son vrai sens : découvrir sa dimension de spiritualité, d'endurance et de courage. La marche est éprouvante. À accorder plus d'importance au but qu'à la souffrance, on marche au-dessus de soi-même…

Ceux que j'aime me suivent toujours en pensée…

Voici la porte Saint-Jacques… C'est drôle, après plus de soixante-quinze kilomètres, je n'éprouve aucune fierté, juste une grande quiétude. Les larges sourires de Régine et de Jean qui m'accueillent au gîte ont un avant-goût de bonheur, « Sous un chemin d'Étoiles » : « Ici, pèlerin, tu n'es pas logé, tu es reçu. Tu n'es pas hébergé, tu es accueilli. Tu n'es pas un passant, tu es un hôte… »

Une pause, puis à l'église Notre-Dame du Bout-du-Pont, je brûle un cierge à Marie… C'est là qu'un flot de larmes me submerge, sans l'ombre d'un chagrin…

J'ignore ce que je suis venu chercher, mais je l'ai trouvé… Le cœur débordant de gratitude, noyé de bonheur, je viens juste d'arriver.

Yves

Et je montais si haut, vers l'infiniment beau
Pour pouvoir rapporter un peu d'éternité à t'offrir en
[cadeau…

« Pour que tu ne meures pas »

À Monseigneur Jean-Michel di Falco

Monseigneur, et très cher Jean-Michel,

Les liens de confiance qui se sont tissés entre nous ont des racines profondes. Depuis ce signal que tu m'as adressé, par médias interposés, lorsque tu as choisi l'une de mes chansons pour illustrer tes choix musicaux sur France 2, et depuis ce dialogue téléphonique en direct sur RMC par l'entremise chaleureuse de Christian Morin, la graine était semée entre nous. C'était il y a vingt ans. J'avais senti dans ce bref échange toute la chaleur et la sincérité d'un homme engagé sur des chemins de lumière. Et c'est tout naturellement vers toi que je me suis tourné quand j'ai eu besoin d'une écoute, dans une période où l'angoisse m'étreignait, où le mal-être prenait le pas sur tous les bonheurs dont la vie me faisait cadeau. L'amour, le succès, la reconnaissance du public, et une frayeur indicible, surgie du plus profond de l'enfance.

Tu m'as reçu, simplement, écouté, apaisé. Et depuis ce temps, à chacun de tes déplacements – nombreux puisque tu étais porte-parole de la Conférence des évêques de France –, je recevais un mot, une carte, un signe, une pensée. Jamais entre nous il n'a été question de Dieu. Et c'est pourtant certainement grâce à toi que je l'ai trouvé sur ma route, comme un passant, dans la rue, tourne la tête vers ce que tu regardes… J'étais plutôt en froid avec la religion, pour cause d'apparat, de croisades, d'inquisition, des fanatismes divers et de toutes les violences perpétrées par les hommes au nom de Dieu. Bref, je n'étais pas très enclin à être touché par la grâce ni à reconnaître la foi au passage... Mais tu étais le premier « homme de Dieu » qui ne me fasse penser à rien de tout cela.

Depuis, nous n'avons cessé de nous voir, de nous écrire, de partager les moments les plus forts de nos vies respectives. Tu étais venu en 1995 concélébrer à Précy une messe inoubliable en compagnie du père Jean, curé de Précy, et de monseigneur Louis Cornet, alors évêque de Meaux, pour le centenaire de l'église Saint-Pierre, fraîchement restaurée. Tu as baptisé la plupart des enfants de notre famille. Je garde, parmi d'autres souvenirs, celui en l'an 2000 du baptême de Toussaint, notre petit-fils, dans la belle petite chapelle de la rue Vaneau, à Paris, en pleine épreuve de la maladie de Noëlle. Ce jour-là, la profondeur et la justesse de tes mots avaient plongé tous les cœurs au sein d'une même et émouvante spiritualité, bien au-delà des différentes confessions en présence... Tout récemment encore, c'est toi qui as accompagné, pour sa dernière cérémonie, notre amie Françoise Maucq[1], qui a veillé sur ma carrière en Belgique puis en France pendant vingt-cinq ans. Tu ne nous as jamais lâché la main depuis ces premiers instants partagés...

Cette petite lettre s'adresse à toi parce que la vie t'a blessé, et parce qu'à l'instar des milliers de ceux

---

1. Voir la lettre à Françoise, p. 87.

qui, sans aucune exception, t'ont écrit à la suite d'une attaque sournoise, je voudrais te dire publiquement ma totale confiance et mon dégoût face aux méthodes iniques, dénoncées avec une argumentation sans faille par Maurice Druon, de l'Académie française, et qui ont été utilisées contre toi, pour la première fois de l'Histoire, avec une efficacité redoutable : la possibilité offerte à tout un chacun de jeter en pâture au public un nom, protégé par l'anonymat en tant que victime présumée, pour des actes dont la prescription trentenaire empêchera à tout jamais l'instruction. Mis au banc des accusés, mais dans l'impossibilité de te défendre, tu portes depuis l'empreinte de cette affaire sans que la vérité ne puisse être jamais établie par la justice : un effet pervers de la loi sur la présomption d'innocence, induit au départ pour protéger les victimes contre leurs éventuels agresseurs. Élégamment conduit vers cette impasse judiciaire, la machine t'a figé dans la position intenable de celui qui sait la vérité mais ne peut la crier au risque d'être lui-même assigné en dénonciation calomnieuse par sa victime présumée, restée anonyme. C'est d'une habileté et d'un machiavélisme extraordinaires, mais le cadenas est bien verrouillé. Nous sommes tous enfermés avec toi, solidaires. Nul ne doute de ta sincérité, et ce cauchemar pourrait être le nôtre, à n'importe quel instant.

La force de ta foi t'aide, j'en suis sûr, à surmonter l'épreuve, mais la loi des hommes devrait laisser à ceux qui sont laissés au pilori de leur propre solitude le moyen de remonter vers l'expression de la vérité. Les injustices murées dans le silence ne se taisent jamais. Les proches de Dreyfus, de Seznec, ont dû mener, pendant des générations, le combat pour la vérité. L'honneur n'est perdu que quand la certitude s'installe, jamais quand le doute est encore permis. Ce devait être le principe même de la présomption d'innocence. L'effet est inverse. Il incombe à l'innocent de prouver qu'il l'est. Dans la foi, dans la loi, où se trouve la vérité ? Elle est dans ton cœur, dans ton regard, lourd de peine mais débordant de lumière, toujours tourné vers l'autre, celui qui souffre. Tu t'acquittes de ta mission religieuse avec dévouement et passion. En simple anonyme, je l'avais écrit au nonce apostolique, et j'ai eu le bonheur d'être entendu. Cher Jean-Michel, ce titre de Monseigneur, moi qui ne suis pas très calé en religion, je te le reconnais de tout mon cœur. Tu nous domines de la tête et des épaules, et nous avons besoin, hors de toute notion de hiérarchie, d'éclaireurs comme toi pour nous ouvrir la route. Combien de fois avons-nous baigné dans ta clarté, face à ton regard limpide qui irradie une foi communicative ? Je ne sais plus. Sans toi, je n'aurais jamais osé penser que j'étais capable de répondre à l'offre de Bertrand Révillion, lorsqu'il m'a ouvert une page pour une chronique mensuelle dans sa revue *Panorama* sur le sujet de mon choix. Voilà plus de deux ans à présent que j'y laisse libre cours à mes réflexions, « En passant »... Jamais, sans la confiance que tu m'as insufflée, je n'aurais osé accepter d'aller marcher seul sur les traces des pèlerins de Compostelle pour répondre à la proposition des magazines *Terre Sauvage* et *Le*

Pèlerin, ni d'écrire quelques pages méditatives sur le « Camino[1] ».

Cher Jean-Michel, ta route est semée d'étoiles. Elles sont parfois trop lointaines pour que tu puisses les apercevoir, mais la moisson de ta vie sera belle. Il y a dans ton ciel une constellation d'amis, aussi dense que la Voie lactée, où nous sommes, Noëlle et moi, deux petites lueurs fidèles…

Très affectueusement,

Yves

P-S : Souviens-toi de cette petite phrase dans la chanson « Hommages » qui commençait par :

Je voudrais rendre hommage à ceux qui m'ont fait vivre
En rallumant l'espoir un jour à l'horizon…

Elle disait de toi :

Celui qui sans jamais prononcer le mot Dieu
M'a fait croire en les hommes…

1. Le « Camino » est le surnom du chemin de Compostelle. Voir la lettre au chemin de Compostelle, p. 119.

À mon petit-fils

Petit homme,

Six ans déjà de jubilation, d'inquiétudes et de découvertes, de chagrins à consoler et de trésors partagés en grand secret pendant au moins une minute… Six ans déjà que grâce à toi, un 30 mars, je suis devenu grand-père…

Cette lettre, tu ne la liras sans doute que dans très longtemps, je l'écris donc avec toute ma tendresse pour celui que tu seras demain, dont je ne connais encore que le petit garçon blond endormi dans le creux de mon bras… J'ignore ce qu'est le présent pour toi, puisque maintenant tu es grand, comment le monde a évolué et quelle route tu as tracée à travers les années… Ces lignes sont une rencontre étrange, comme si, tous les deux, nous nous extrayions du jour et de l'année où nous sommes, de chaque côté du miroir, pour faire le voyage, chacun dans un sens différent, toi vers le passé recomposé, et moi vers ce futur si présent pour toi… Lorsque tu es venu au monde, dans le bonheur immense de ton arrivée, je ne savais pas trop comment tisser la trame de nos complicités à venir. Mais j'ai vite appris. Je t'ai chanté des chansons pour t'endormir, et tu savais très bien faire comprendre si tu en voulais encore une… Quand je sentais le sommeil te gagner, je commençais par zapper les paroles, je fredonnais et je finissais en murmure, puis je m'endormais à l'unisson, en même temps que toi. Je redescendais un long moment plus tard, la mèche rebelle : « Ça y est, il dort… »

Aujourd'hui, au moment où j'écris ces lignes, tu mesures un mètre dix et tu pèses vingt kilos. À présent, pour toi, qu'est-ce qui a changé ? La paix règne-t-elle sur la Terre partout où sévissent « aujourd'hui » la violence et la terreur ? Je ne peux que te poser les questions sans attendre les réponses, mais aussi te raconter le tout début de l'histoire dont tu es la suite… Si certains aspects évoluent, d'autres en revanche semblent immuables. Notre connaissance de l'univers s'élargit vers les galaxies les plus lointaines et vers l'infiniment petit, mais la nature humaine n'avance pas aussi vite que la technologie. Tout comme le feu de bois dans la cheminée voisine avec la télévision numérique… T'avoir vu grandir en passant de Babar à Luke Skywalker, des pyramides de l'Égypte ancienne aux anneaux de Saturne est une immense richesse. Je porte en moi tes éclats de rire et ton écoute silencieuse comme des trésors de mon existence. Être grand-père est un art… Cette génération d'écart fait une grande différence où distance et proximité se mêlent subtilement à une disponibilité de tous les instants. Peu bricoleur à l'origine, je répare désormais et recolle à peu près tout… Ton air dépité devant tes jouets abîmés me donne envie de leur rendre leur intégrité. Je suis donc devenu un virtuose de la super-glue, un expert en Araldite « prise rapide 90 secondes », un acharné du collage quasi invisible et j'ai eu, en cela, un professeur, ton arrière-grand-père Jean, qui pouvait passer des semaines à recoller une tasse ou un bleu de Chine... Pour toi, j'ai tout mon temps, entre le montage minutieux d'un robot en Lego ou l'assemblage au Scotch d'une maison de papier, même quand mille tâches accumulées m'attendent sur mon bureau... Fasciné par tes jeux, je le suis encore plus par la bande-son qui accompagne chaque geste... Quand tes figurines s'affrontent en combat singulier, les bruitages donnent à la bataille tout son relief et le réalisme est saisissant. « Tchhhhhh ! La fusée atterrit. Fffffft ! Elle redécolle ! Prrrr ! Le gentil vient de mettre un taquet au méchant qui tombe de son vaisseau... » « À table ! » dit Noëlle. Et nous avons du mal à nous arracher à l'astroport du tapis du salon... Je t'imagine adolescent, puis adulte, et ça me rend heureux de te suivre à l'avance, de t'ouvrir la route en pensée. Nous voilà face à face, à des années de distance, toi avec le monde que nous t'avons légué – en essayant de faire au mieux même avec le pire –, et moi avec l'espoir que tu trouves tes marques dans cet héritage encore en désordre. La seule certitude que nous ayons tous les deux, c'est la force de l'amour partagé. C'est sa trace qui nous relie par-delà le temps, et qui fait de toi une de mes plus grandes raisons d'être, et d'avoir été...

Avant de te connaître, je me disais que lorsque j'aurai des petits-enfants, je leur apprendrais ceci, et cela... J'ignorais alors tout ce que toi, tu allais m'apprendre aujourd'hui. Et j'ai pris conscience qu'on est davantage un repère qu'un modèle. Rien ne t'échappe. Quand j'essaie de « t'apprendre » quelque chose, je suis souvent à côté, la vraie leçon est ailleurs. Tu le sais avant moi. Alors, j'essaie juste de t'aimer, du plus vrai, du plus fort que je peux. Même petit, tu es déjà une personne à part. Et si, parfois, je te montre les rails, c'est pour que tu y ajoutes l'aiguillage à ton idée…

Mon grand, je ne te quitte pas. Maintenant comme demain, ici comme ailleurs, je suis assis au bord de ta vie, et ma confiance t'accompagne toujours. Tu ne trouveras, dans ces lignes, ni recommandation ni conseil. Juste une grande brassée de tendresse, et l'amour de toute une vie. Ton existence est une chance pour demain. Quand même, j'aimerais bien être une petite souris pour te voir dans ton monde d'aujourd'hui. J'ai toujours aimé la science-fiction, alors la vivre au présent, regarder l'avenir dans tes yeux, tu parles d'une aventure !

Ton Yves

Petit Prince en exil, perdu sur ma planète
Je te dessinerai les moutons que tu veux
Mais ne perds pas ce bleu qui grandit dans ta tête
Et laisse-moi toujours m'y plonger dans tes yeux…

« L'Île de Toussaint »

À ma fille

Ma fille chérie,

Comme il est difficile d'écrire une lettre à quelqu'un d'aussi proche, d'aussi pudique, d'aussi sensible et profond que toi… Chaque mot dans tes phrases est pesé, précis et juste. Il me reste à tenter d'en faire autant dans ces lignes… Nos chemins se sont croisés, il y a trente ans, et nous nous sommes accompagnés, en nous rapprochant sans cesse l'un de l'autre, gagnant chaque jour en confiance, en respect et en tendresse, chacun de nous cherchant sa place, pas à pas. Il n'y a pas beaucoup d'espace dans un nid, mais nous avons appris ensemble à l'agrandir en le partageant. Te rencontrer était un cadeau de la vie. Nous nous sommes choisis, librement, sans définir ce lien par des mots, mais en tissant les fils plus serrés pour qu'ils s'attachent et deviennent une trame encore plus solide. Et nous avons traversé ainsi les averses et les éclaircies, mais aussi les tempêtes, les cataclysmes, en savourant comme un répit les arcs-en-ciel que notre complicité posait à l'horizon des épreuves partagées. Ton regard est un univers. J'y suis entré quand tu m'as ouvert les yeux. Tu m'y as invité doucement, comme on entre dans un jardin fragile, et j'ai dû apprendre à marcher prudemment, pour ne rien briser de cette transparence, ni de cette clarté. Je t'ai vue regarder la vie autrement, à travers le prisme de tes peurs, la richesse de tes certitudes et l'océan de tes doutes. Et j'ai glissé mon regard dans tes yeux, pour voir le monde à ta façon. Les couleurs que j'ai découvertes alors sont restées gravées en moi. J'ai rencontré ton talent. Je l'ai vu grandir, s'affirmer, s'épanouir, façonné de rigueur, de droiture et d'exigence. J'ai appris à ne pas t'apprendre, à ajuster simplement mes réponses à tes questions. Je suis heureux de t'apporter mon aide quand tu la sollicites, mais bien souvent tu en sais plus que moi. T'aimer, c'est partir à la découverte. Tu as toujours une mode d'avance, et le temps, qui d'ordinaire garde jalousement ses secrets, semble ouvrir devant toi ses fenêtres, juste parce qu'il pressent l'originalité du regard que tu poseras sur lui pour nous l'offrir ensuite en paquet-cadeau. Rien n'échappe à ta vigilance. Ta boussole intérieure flaire la nouveauté comme par instinct. Chercheuse d'or, tu débusques les pépites de beauté dans le travail des créateurs, que tu mets en valeur dans l'écrin de ta lumière. Petite, tu hésitais entre la décoration et le journalisme, tu as réussi à ne pas choisir... J'aime aussi ta soif absolue de vérité, ton besoin de dire, de monter au filet avec courage, d'affronter les situations et les adversaires même les plus redoutables. Fragile et pétrie de frayeurs, tu te bats contre les montagnes, tu escalades les remparts et tu montes à l'assaut des donjons comme un bloc de détermination, sans l'ombre d'une hésitation, laissant la peur loin derrière, jusqu'au terme de ton combat. Solitaire à la tête d'une armée de fidèles, quand tu aimes une fois, tu aimes pour toujours. Il n'est pas toujours facile d'assumer une telle sensibilité, les bonheurs sont plus grands, mais les blessures sont parfois plus profondes, et les chagrins plus douloureux. Je te vois marcher, de ton pas irrésistible, chargée comme un petit âne corse de ces lourds paquets qui pèsent au bout de tes bras et au fond de ton cœur, et je t'observe avec tendresse. J'ai posé mon amour entre tes mains, une fois pour toutes, le jour où tu m'as dit que tu m'aimerais toujours. Tu as construit là un pilier de ma vie. Nous sommes liés par des déserts, des mers et des fournaises traversés ensemble épaule contre épaule, cœur contre cœur, par des silences qui perlent doucement comme des larmes, et voyager comme une bulle de savon à côté de la tienne est un privilège inestimable.

Ma fille chérie, j'ai trouvé ma place, entre père et mari, au plus doux de vous et si aujourd'hui, en parlant de nous, tu dis « mes parents », cela me touche bien plus encore. Je suis un peu ton « pair » et je donnerais ma vie pour la tienne. Tu m'as appris l'enfance, et aussi à grandir. Je t'aime pour toujours.

Ton Yves

Moi je t'ai vue grandir
Tout au long de la route
Et sourire en dépit
Des angoisses et des doutes...

« Nos yeux se sont croisés »

Lettre de ma fille

Mon Yves,

Franchir le cap et sortir du silence. Le temps d'une lettre, écrire pour ne pas dire. Parce que sans doute la voix se briserait sur un îlot de pudeur que je parviens difficilement à surmonter. Voilà pourquoi ta notoriété m'a longtemps semblé bien encombrante. J'aime les silences pleins, les regards qui se croisent et s'entrecroisent, les gestes qui frôlent, les « mots qu'on ne dit pas »... tout ce qui effleure, suggère, sans rien figer. Toi et moi, nous avons pris nos vies en marche. Nous nous sommes choisis l'un et l'autre. Tu n'es pas mon père, tu es bien plus. Nos liens ne sont pas de sang mais de sens. Tu es mon enfance, ma confiance, mon réconfort, mes tables de multiplication, mes devoirs d'anglais, mes révisions de math et tout ce qui suit... J'ai eu la chance d'être le témoin du lien lumineux qui vous a unis, maman et toi, il y a trente ans. Ce jour-là, vous avez planté pour moi le plus beau des décors. Et, du haut de mes dix ans, je n'en ai pas perdu une miette. Trente ans que je vous regarde vous aimer. Vous avez atteint, à mes yeux, la plus belle cote d'amour. Celle que l'on place sur l'autel des choses rares et tellement précieuses. J'ai appris beaucoup à vous regarder... et je vous dois tant. Vous m'avez transmis cette délicatesse d'âme qui m'a permis d'inventer et d'écrire ma propre histoire. Vous avez été mes repères sans êtres forcément mes modèles. Vous m'avez ouvert la voie sans rien imposer, jamais. C'est cette liberté que je salue et savoure aujourd'hui. Je salue aussi la force et la conviction que vous mettez en toute chose. Il est essentiel de croire... et je crois si fort en vous.

En toi, Yves qui n'a cessé de t'exposer pour faire avancer tes idées. Même si je ne les partage pas toujours, je puise quotidiennement dans ce fond de détermination. La malveillance gratuite, le mépris, le désaveu... t'ont souvent blessé, sans jamais t'accabler. Tu as une résistance étonnante au travail et à l'adversité. Un bel exemple à suivre. Un parmi tant d'autres, d'ailleurs ! Tu n'es pas un naïf, ni un contemplatif ; tu n'es pas un idéaliste, ni un utopiste... Même si le concept ne fait plus recette, tu tentes juste de devenir meilleur. Une quête que tu assumes en toute humilité. L'important n'est pas de faire savoir, mais de savoir faire...

Aujourd'hui, tes chansons mettent peut-être plus de temps à se faire entendre, mais elles résonnent encore plus fort. La reconnaissance a pris pour toi un autre visage. Occuper l'espace médiatique n'est plus de tes préoccupations. Sans doute parce que la vie a braqué un projecteur sur la fragilité de l'existence. Ce « pleins phares » sur la nécessité de vivre haut et fort t'a imposé d'autres priorités. Ce virage à cent quatre-vingts degrés nous a rapprochés encore et encore. Je sais que tu regardes désormais plus loin et plus grand. Je sais les jours et les nuits que tu consacres à améliorer le quotidien de ton village, à aider ici et ailleurs, à nous rendre la vie la plus douce possible.

Je sais aussi que ces lettres sont un puzzle à mots découverts, elles nous éclairent sur toi, sur nous… Le cachet de la vie faisant foi. Bonne réception !

Bien tendrement,

Martine

À nos filleul(le)s

Mes cher(ère)s filleul(e)s…

Un jour, vos parents ont souhaité que je sois votre parrain, ou Noëlle votre marraine, et parfois même les deux. Pour nous, ce geste n'est pas anodin, il est chargé d'amour et de sens. Ce beau titre un peu désuet, qui donne à celui qui le porte un statut particulier, est bien plus qu'une sacrée marque de confiance : c'est la marque d'une confiance sacrée… Nous sommes reliés par un lien voulu, choisi : vous êtes entrés dans nos cœurs et vous n'en sortirez plus jamais. Ce ne sont pas juste des mots prononcés lors d'une cérémonie, mais le signe d'un engagement profond à vos côtés. Il s'inscrit sur le temps d'une vie, et même au-delà… Cette notion de parrainage ou d'accompagnement est comme un regard posé sans cesse sur vous pour éclairer la route et faire savoir, quoi qu'il arrive, que notre amour fidèle plane toujours autour de vous en toute liberté. Il y a comme une lumière entre nous, celle que je vois dans vos yeux quand nous nous retrouvons, celle que j'entends dans votre sourire au téléphone, et celle que je lis entre les lignes de vos e-mails ou des petits textos qu'on se « grif'phone » sur le pouce pour un anniversaire, une fête ou un examen… Rien ne semble pouvoir altérer cette relation, ni le temps, ni la distance.

Elle s'est nourrie, pour une bonne part, de ces petits déjeuners devenus chez nous un rituel de quiétude et d'échanges, un prélude à l'éternité. Rares sont ceux qui, comme vous, peuvent se targuer d'avoir été reçus dans l'Ordre familial de la confiture de figues, pris en flagrant délice de ces fruits défendus – de haute lutte – contre les geais voraces et le « fig'napping » des enfants. Entre l'abricot et la marmelade d'oranges amères, on a philosophé sur la châtaigne aux poires fondantes, épilogué sous l'empire de la rhubarbe et de la gelée de coing. Combien de décisions graves portent le sceau de ces instants magiques, combien de vocations hésitantes ont-elles écloses autour de ces tartines ? Repartir de la maison de Corse en emportant dans ses bagages un de ces trésors confits est un privilège, une marque d'affection profonde, une déclaration de tendresse.

Un parrain, c'est quelqu'un, quelque part, qui nous attend, quoi qu'il arrive. La vie nous rapproche, elle nous éloigne parfois et, même si nos chemins ne se croisent pas de longtemps, il n'y a pas d'oubli. Votre empreinte est indélébile.

Pour certains, la célébration du baptême a été solennelle, pour d'autres, ce furent simplement quelques mots, échangés comme un cadeau, sans cérémonie, et des larmes de joie qui scellent le pacte pour prolonger l'amour de vos parents. J'aime cette relation toute de bienveillance, cette balise de douceur comme un phare sur la mer, repère immuable dans ce monde qui bouge, d'un port d'attache toujours ouvert…

Mon rôle, c'est peut-être de vous accompagner vers vous-mêmes, d'aider le destin à rester votre allié, à respecter votre histoire, vos aspirations et la part d'inconnu que vous portez en vous. J'ai le sentiment, dans cette complicité souvent silencieuse, de faire partie de votre jardin secret, comme vous êtes entrés dans le mien. Nous nous y rencontrons parfois, pour une heure ou quelques jours, le temps d'échanger des confidences ou d'apaiser les inquiétudes du parcours. Vous nous accompagnez, pour la plupart, depuis votre naissance, et vous nous aidez à regarder le présent avec plus de sérénité, à adopter, en vous voyant vivre, une plus grande confiance en l'avenir.

Vous posez sur l'existence un regard neuf, qui nous éclaire nous aussi sur les difficultés dans lesquelles vous vous débattez pour trouver un cap, le maintenir et l'assumer. Rien n'est plus difficile que de trouver sa vocation dans le labyrinthe des idées toutes faites, des filières qui se défilent, des voies royales sans débouchés. Au carrefour des formations qui formatent et des orientations sans boussoles, vous êtes tous différents dans vos passions, entre chanson, informatique, théâtre, sauvegarde des dauphins ou psychologie, et très proches par la jeunesse ou l'enfance… À la croisée du destin, votre exigence est légitime à l'égard de la vie. Je ne suis pas sûr que le monde que nous nous apprêtons à vous léguer soit un héritage facile à porter, ni que les jalons soient posés en évidence au bord de la route… Le plus rassurant, dans ce monde qui affecte de savoir ce qu'il ignore et de maîtriser ce qui lui échappe, c'est la justesse de vos refus, votre détermination à chercher le bon sentier, votre recul par rapport aux certitudes du passé… Je me dis souvent que si l'expérience seule apportait les bonnes réponses, la nature nous aurait conçus millénaires, voire éternels… Or notre disparition programmée laisse à penser que vous êtes peut-être l'une des plus belles réponses de Dieu à l'épreuve de l'éternité…

Mes chers grands et petits, pour aucun d'entre vous, la vie n'est un long fleuve tranquille, mais j'ai confiance en vous, en votre instinct de lumière et en votre soif de découverte. Au confluent de l'aube et du crépuscule, ce soir, le futur, c'est vous, et du plus profond de mon cœur grand ouvert, je vous aime, toutes voiles dehors…

Votre parrain pour la vie…

Les photos dans l'appareil
Ça n'est pas vraiment pareil
Pour meubler ces trop longs mois d'absence

Des neveux et des filleuls
Les « Regarde je nage toute seule »
Les éclaboussures des rires d'enfance…

« La Grande Maison des vacances »

À Yen

Ma petite Yen chérie,

Il y a six ans, vous êtes arrivés tous les trois à Nice, en provenance d'Hanoi, au Vietnam. Tu venais d'avoir cinq ans, tu ressemblais à une petite fleur de lotus sans tige, blottie dans les bras de Liliane, ta maman de France. Henri était encore imprégné de ce séjour semé d'émotions contradictoires distillées au jour le jour, d'espoir en attente et de formalités en rebondissements, il ne comprenait pas encore que ce parcours du cœur battant était achevé. Ton petit visage rond sous la coupe au carré ne reflétait encore que lassitude et, tandis que le tapis déroulait son flot de bagages, un nouveau monde s'ouvrait à toi, autres voix, autres accents, autres paysages, le jour avait la fraîcheur de la nuit, et des bras affairés te couvaient de parfums inédits… Déposée délicatement sur la poussette, étourdie et terrassée par le sommeil, tu t'es endormie les yeux entrouverts, abandonnée… recueillie.

Cette aventure extraordinaire, encore en gestation, s'était d'abord diluée dans des tonnes d'encre et imprimée sur des mètres cubes de papier. Dispersée aux vents des formulaires et des traductions, disséminée de commissions en rendez-vous, elle s'écartelait de rapports de spécialistes en avis démotivés et d'expertises en contre-visites. Éliminés au premier tour, disqualifiés en quatre exemplaires, un genou à terre, tes futurs parents sont revenus à la charge, pour monter à l'assaut de la citadelle de la DDASS et obtenir enfin l'agrément, faute duquel tout candidat à l'adoption n'est qu'un SDF, un sans document fixe…

Et, au terme d'une attente de plusieurs mois, la nouvelle s'est posée comme une cigogne dans le jardin : la porte venait de s'ouvrir à l'autre bout du monde…

Semaine après semaine, nous avons suivi votre voyage, vécu au téléphone l'angoisse, le bonheur, l'impatience ou la révolte face à ceux qui monnayaient encore l'amour de ce fragile embryon de famille… Mais tu étais là pour de vrai et, comme une fontaine miraculeuse, tu déversais déjà sans le savoir un flot intarissable de détermination et de force pour effacer l'un après l'autre les obstacles qui vous séparaient encore de la liberté…

Il avait sans doute fallu beaucoup de courage et de chagrin à ta maman pour décider de te confier à d'autres bras, afin de t'offrir un destin plus heureux que celui qui se dessinait pour toi auprès des tiens. Il t'a fallu bien du courage à toi aussi pour t'arracher à ton enfance, à tes frères et sœurs, à tout ce qui avait été ta vie jusqu'alors, et pour accepter ce déchirement comme une chance nouvelle, comme un grand plongeon vers le bonheur… Par moments, tu disparaissais en toi-même, comme absente, et nous avions bien du mal à entrer dans la bulle de ton silence pour retrouver le fil d'un sourire. Mais, peu après, ton visage s'illuminait à nouveau, et tu redevenais l'enfant rayonnante et complice qui nous éblouissait de son habileté, bâtissait en un clin d'œil des structures complexes d'élastiques tendus entre pouces, index et doigts de pieds puis s'amusait de notre surprise dans un éclat de rire contagieux... Tu nous apprivoisais déjà. Tu trichais aux cartes avec un aplomb hilare, tu chipais les plus beaux fruits aux arbres de nos promenades en escaladant les clôtures, et tu ramassais au sol en un éclair la pièce de monnaie qu'aucun d'entre nous n'avait remarquée... Belle, heureuse et épanouie, tu renaissais de jour en jour. Lorsque tes parents m'ont offert de devenir ton parrain, ton cœur a pris racine dans le mien comme dans celui de Noëlle... Nous nous sommes adoptés mutuellement nous aussi, à l'église de Seillans, et tandis que la fête de ton baptême nous enveloppait de ta présence, tu souriais au milieu de tous ces bras ouverts...

Ton chemin n'est pas facile. Cinq années d'existence ne peuvent s'effacer sans laisser de traces. Les images en s'estompant déposent parfois un voile de mystère qui laisse bien des questions sans réponse. Des lambeaux de tristesse, des bouffées de révolte traversent encore quelquefois le ciel de tes yeux... Mais ta joie de vivre et ton bonheur éclatent comme les bourgeons du printemps sur le soleil de tes douze ans.

Dévore tes livres comme ta vie, petite Yen chérie. Ton nom vaut de l'or, ton cœur vaut bien plus encore. La vie t'a appris à te défendre, à lutter pour survivre. Tu peux poser tes valises, tes élastiques et tes fardeaux. Bienvenue au cœur de l'enfance, petite fleur de lotus. Sois en paix...

Que la vie te soit aussi douce que notre amour.

Ton parrain…

Yen
Ma petite fleur vietnamienne
Je t'aimerai quoi qu'il advienne
Pose ton cœur tout près du mien

Yen
Sèche tes larmes oublie tes peines
Il se peut que tu te souviennes
Que ceux qui t'aimaient sont trop loin…

« Yen »

Au chocolat

Cher chocolat,

Écrire ton nom me met l'eau à la bouche... Je sens déjà monter en moi l'irrésistible appel du placard. C'est comme un acte réflexe sur lequel ma volonté n'a plus aucun pouvoir, et mes pas me portent vers la cuisine. Plus rien n'existe dans l'univers que cette boîte en fer émaillée de dessins d'autrefois. Le couvercle qui résiste rend plus pressant encore le désir de sentir ta tendre amertume sous mes dents puis l'explosion de ta suavité sur mes papilles et mon palais. Avant même de casser la barre entre mes doigts fébriles, je sais que va survenir un moment de sensualité secrète. Dans ce rituel qui commence, les préliminaires font déjà partie du plaisir. J'aimerais davantage de discrétion entre nous... Il faut que je mette de l'huile sur les gonds de cette porte : toute la maisonnée va nous entendre... Tu es encore vierge sous la transparence de ta Cellophane... Je vais être le premier à dévoiler ta nudité, à caresser le kraft de ton papier brun, à t'ouvrir comme une lettre qu'on déchire et qu'on dévore, sans même prendre le temps de découvrir la savoureuse recette imprimée sur ton dos... Mais d'abord, saisir le petit pli caché de ce voile transparent qui enserre les deux plaques l'une contre l'autre dans leur emballage d'origine. Peine perdue, le collage est parfait, comme d'habitude... Un coup d'ongle sur la césure... Je glisse un doigt sous ta robe de papier puis, du plat de la main, je soulève le rabat qui révèle ta couleur et exhale une bouffée de ton parfum sucré… Le fin du fin, c'est de casser en un seul morceau ta première barre en laissant intact le reste de la plaque… Après, tout va très vite, c'est secret, furtif et délicieux. Un nuage d'enfance surgit, lorsque la chaleur de la bouche entame la fonte des premiers morceaux qui se brisent sous la dent, quand les narines interceptent, par le palais, les premiers effluves parfumés…

Alors, des images enfouies remontent du fond de la mémoire, de cette époque où, sur le chemin de la communale, je te consacrais l'essentiel de mon argent de poche. L'arrêt boulangerie, la plaquette qu'on glisse à l'intérieur du petit pain au lait de 4 heures, notre complicité fraternelle avec Roland quand on inventait de nouvelles recettes : petits-suisses à 60 % roulés dans ta poudre de cacao pour en faire des truffes avant de les saupoudrer de sucre, ou tartine beurrée pour un hot-dog de banane au Nesquik… Même si on se sent un peu coupable après, tu contiens du magnésium, et le magnésium, c'est nécessaire, et même indispensable pour l'équilibre. En fait, tu es presque un médicament. Et là, on en reprend. Parce que s'arrêter, dans ces conditions, ça confine à l'héroïsme. D'ailleurs, pour Jean-Michel di Falco, notre ami de Gap et d'agapes, le péché de gourmandise ne commence que quand on se rend malade… Il y a mille façons de te consommer, de t'aimer. Moi, j'adopte la façon puriste, noir de chez noir, limite corsé. Mais je t'aime aussi pour les autres. Je trouve dans la préparation des desserts une volupté et une jubilation à anticiper le plaisir à venir, pour le partager avec les gens que j'aime. Quoi de plus beau que le moelleux de ta mousse sur la spatule, la frimousse des enfants après le traditionnel léchage de la casserole, l'onctuosité du mélange qu'on verse dans le moule à manqué avant de le mettre au four préchauffé au thermostat 5,5… Ce fondant à cœur, pour lequel il faut avoir le courage d'arrêter la cuisson alors que la pointe du couteau ressort encore bien chargée… Et la petite trace aux commissures des lèvres, qui trahit le gourmand… Je suis un mordu de toi sous toutes tes formes, en crème, en poudre, froid dans le verre ou chaud dans le bol à l'ancienne, en coulis de profiteroles, en petits bouts durs dans la glace molle, avec Dali ou sans, sur un petit poulain blanc ou près d'une vache bleue, belge, suisse, français ou maya, en nappage, pris en sandwich au cœur d'un macaron moelleux tout frais sorti du sachet, ou en effluves par le soupirail qui laisse s'échapper dans la rue ton parfum mêlé à celui des croissants chauds du petit matin… Ta lingualité ne se goûte pas, elle se déguste, se savoure, elle se sublime, elle se succule… J'en connais même qui te posent sur le radiateur pour te chauffer à blanc avant de te croquer mou. Tu es chez toi dans tous les palais, tu connais toutes les langues… Tu peux toujours me faire les yeux doux avec tes barres à la noix, tes écorces d'orange confite ou tes éclats de noisettes craquantes, me faire une fleur avec tes fèves blanches de Granduja. Bien que blanc de peau, je suis *black* de chocolat. Et même si, avec ton petit air de ne pas y toucher, l'accoutumance me guette dans un de tes coins sombres, même si je me sens un peu plus accro à chaque fix, jamais je n'atteindrai le point de rupture…

Fidèle du dernier carré, je pilerai net à l'extrême limite du supportable. Au premier mal de tête, quand perle la nausée du matin : stop ! J'aurais si peur de franchir le niveau de saturation, la cote d'alerte, de basculer d'un coup dans l'aversion, peut-être même dans l'allergie… Si un jour ton désir me plaque, je fais un cacao nerveux ! Et c'est toi qui seras chocolat. Non ce serait vraiment trop triste… Passer le reste de ma vie sans toi… Même Ponette, la chienne, qui reconnaît, entre tous, le petit couinement discret de la charnière et s'assied instantanément à mes pieds avec son regard suppliant, ne me le pardonnerait pas. Alors faisons un pacte. Ne me laisse jamais aller trop loin avec toi… Retiens-moi juste avant que je fasse un malheur… En échange, je t'inventerai des mots insensés, que tu comprendras… je ferai un domaine où l'amour sera loi, où tu seras roi…

Mais ne me quitte pas… ne me quitte pas… ne me quitte pas…

Fondu au noir…
Carré blanc.

Yves

Roland rentrait de son collège
Et dormait tard ces matins-là
Je regardais tomber la neige
En finissant mon chocolat…

« La Tendre Image du bonheur »

À la Corse

Chère île,

Même les yeux bandés, je reconnaîtrais, dès l'ouverture de la porte de l'avion, l'aéroport de Figari au parfum de maquis. C'est un peu napoléonien comme entrée en matière, j'en conviens... Mais c'était un peu délicat de te parler d'amour, comme ça, d'emblée. La pudeur, le silence... Une fois chez toi, c'est plus facile... On se touche du cœur et des yeux. Ici, l'amitié est un sixième sens, qui s'affranchit du temps et des mots, et qui abolit les frontières et les océans. C'est la paix et la quiétude que nous venons trouver au creux de tes montagnes, dans le giron de ta mer, et dans l'air de tes musiques... Noëlle a passé toutes les vacances de son enfance près de tes vagues et sur tes sommets, elle a aussi vécu ici plusieurs années, et son attachement pour toi et pour les tiens est resté intact, enraciné dans un passé encore très présent. En me donnant l'envie de te connaître, elle m'a permis de t'aimer. D'aimer tes paysages, tes goûts et tes couleurs, mais particulièrement tes enfants. Grâce à elle, j'ai eu tout de suite l'impression d'entrer dans la famille, j'ai été reçu à bras ouverts. Ici, ce n'est pas Noëlle qui est l'épouse d'Yves, c'est moi qui suis « le Yves de Noëlle ». Nous avons fait notre nid dans l'arrière-pays de Porto-Vecchio, sur une hauteur qui domine la mer, dans le creux d'un vallon propice à l'écriture, et où mon crayon mangé aux vers peut travailler d'*arrache-pieds*. Là, le temps retient son souffle, à l'abri des vents dominants, pour laisser la place à la montée des chansons. Les rencontres y sont souvent musicales et peuvent se prolonger tard dans la nuit. J'y butine le meilleur pour en faire mon miel. Tu nous as offert de ces endroits magiques dont tu as le secret. Comme à Pruna, le village déserté, mais bruissant de souvenirs, la musique est omniprésente et coule dans tes torrents, dans la sève des arbres et les veines des guitares... Comme sur le site préhistorique de Cucuruzzu, près de Lévie, où chantait ce soir-là le groupe Caramusa, qui crée ses chansons nouvelles sur des instruments anciens. Nous étions allongés sur le dos, à même le sol, les yeux vers les étoiles, et le spectacle était partout... Chez toi, les tablées s'allongent à mesure que l'amitié et l'amour s'y invitent. Comme avec Jean-Pierre, quand nous chantons ensemble comme des frères, ou avec Yves, quand la musique est prétexte à tendresse. Toutes ces images glanées ont rejailli dans « Les Corses » ou « Le Village endormi »... et plus subtilement encore, dans le simple bonheur d'écrire qui se respire ici... Cette magie hélas a aussi un prix, un tribut parfois lourd. La part du feu, qui dévore tes forêts presque chaque été, et qui nous a rassemblés pour prendre les arbres à bras le cœur. Ce fut l'aventure d'APRES, l'Association pour le reboisement des espaces sinistrés. Dix ans de collaboration chaleureuse avec cinquante spécialistes et, pour finir, le *Livre blanc pour y voir plus vert dans les forêts.* Raymond Devos était venu en ami, entre l'arbre et les Corses, offrir son spectacle pour replanter plus de dix mille arbres sur la forêt domaniale de Zonza... Depuis, en collaboration avec l'association Carlesimo, des enfants malades viennent nous rejoindre au chevet de la forêt et leurs visages s'éclairent à l'idée de voir « leurs » arbres un jour devenir grands avec eux... Ta nature est généreuse, et les fruits de ta terre miraculeux. Qu'est-ce que tu donc fais à tes abeilles pour que leur miel ait cet avant-goût de paradis ? Qu'est-ce que tu racontes à tes vignes pour les mettre au parfum ? Le bouquet, c'est que tes vins prennent le maquis ! Je crois que la force de ton caractère se transmet par les racines et se propage jusque dans les terrines de tes sangliers... comme dans la douceur de tes agneaux de lait ! Arpenter tes sentiers entre mer et montagne m'a offert à la fois la profondeur du recueillement et l'ivresse de l'altitude. Devant la petite Vierge si chère à nos cœurs, enchâssée entre les pierres et les chênes-liège de l'Hermitage de la Trinité, qui embrasse dans sa quiétude toute la splendeur des bouches de Bonifacio. Puis, face à l'espace vertigineux de l'Alta Rocca, où le ciel sur les lacs reflète la majesté de tes sommets. Toute cette richesse s'imprime sur les êtres, et leur histoire ressemble à ta nature, il faut venir à leur rencontre pour en respirer l'authenticité, en profondeur de chants. C'est sur tes sentiers de randonnée, en cordée d'amitié avec Michel, « pianiste d'altitude », que j'ai découvert la lumière du silence et appris à tutoyer tes cimes. C'est la première fois que je m'adresse à toi à la première personne, et je comprends à quel point tu es véritablement quelqu'un. Quelqu'une, d'ailleurs... Une île, une Terre, une région, une montagne... Autrefois, ton image se confondait plutôt avec celle des hommes. Les mères, les sœurs, les épouses étaient essentielles, mais plus discrètes. Leurs chœurs ne chantaient pas... Aujourd'hui, elles font partie de l'accord, elles sont dans l'harmonie, et en couleurs. Comme elles, tu as l'âme courageuse, fervente. Tu ponctues tes phrases d'un « Que Dieu le bénisse » et tu mets une tresse de palmier et un rameau d'olivier bénis au-dessus de la porte pour protéger la maison. Le 15 août, tu célèbres la fête de Marie. Il y a toujours une Marie dans la famille... Les chapelles de tes villages sont ouvertes et des petites bougies brûlent par dizaines à l'intérieur. Ici, on est d'une lignée, on est de quelqu'un et de quelque part. Même quand on te quitte, on te reste. Et, même si un passeport peut devenir, au hasard du destin, canadien, brésilien, suédois ou capverdien, tous les Corses du monde sont, avant tout, tes enfants... Aujourd'hui, je me sens l'un des leurs, l'un des tiens et, si je n'ai pas eu le privilège de naître ici, à choisir, j'aimerais bien y mourir, face à la mer, et passer l'éternité à écouter ton chœur prendre le large...

Le Yves de Noëlle

Ils ont toujours un village
Une histoire ou un surnom
Par les traits de leur visage
On sait presque d'où ils sont

Et si l'argent les misères
L'espérance ou bien l'amour
Leur font passer des frontières
Pour s'en aller sans retour
Ils sont corses et ils le restent pour toujours...

« Les Corses »

Au Ciel et à l'Univers

Cher Ciel,

Domaine des oiseaux, des nuages et des étoiles, tu es aussi celui des dieux, des savants, des poètes et des mages, la passion des astrologues, des prophètes, l'énigme dont toutes les civilisations ont cherché à percer le sens, à comprendre la logique depuis la nuit des temps. Tu commences à nos pieds, pour te terminer... Dieu sait où. D'ailleurs, sait-on seulement si tu prends fin quelque part ?

Quand je lève les yeux vers toi, au lever du soleil sur l'horizon de la mer, j'ai envie de suivre les traces de Jonathan Livingston le goéland, je rêve d'être Nils Holgerson sur de dos des oies sauvages suivant les « Peuples migrateurs » dans leur fabuleux voyage, je songe à Émilie Jolie sur les ailes du Grand Oiseau... Du rêve d'Icare jusqu'aux exploits des astronautes, j'ai toujours été fasciné par l'envol. Comme Birdy, je voudrais survoler les paysages, voir la Terre d'en haut, planer au-dessus des nuages... J'ai le sentiment, comme Bertrand Piccard après son tour du monde en ballon, que l'altitude est l'un des plus beaux secrets partagés entre l'homme et l'univers qui l'entoure. L'élévation est un instinct commun depuis l'enfance aux plantes et aux humains, aux hêtres comme aux êtres. Du fond des océans jusqu'à la plus haute étoile, notre esprit est un gouvernail de profondeur, et nous aide à concevoir la dimension véritable de notre territoire. Je m'inscris dans cette lignée quand je m'envole en pensée, en musique ou en paroles, en bénissant tous ceux qui nous ont ouvert la voie pour nous aspirer au-delà de toute limite, après avoir observé, sondé et mesuré l'immensité de notre ignorance à ton sujet. Les voyageurs de l'espace ont tous rapporté de leurs séjours autour du globe l'image de la fine couche bleutée qui nous protège comme une peau fragile, et ils ont lu, dans ce miroir de notre ciel de jour, que notre avenir ne s'écrira en termes de frontières, de races, de richesses ou de pauvreté. La quête de l'au-delà commence au fond de nous, dans cet infiniment secret qui nous relie et nous projette vers l'infini de ta découverte.

Quand j'observe, la nuit, le spectacle grandiose de ta voûte céleste, mon cœur balance entre fascination scientifique, poésie et spiritualité. En m'offrant son précieux télescope, dont il a lui-même patiemment poli le miroir, pour me permettre d'entrer dans l'une des plus grandes passions de sa vie, Jean, le papa de Noëlle, m'a dit avec un sourire ému : « Tu seras mes yeux... » C'est l'univers entier qu'il a posé dans mes mains ce jour-là[1]...

Depuis, tes amis sont devenus les miens. Hubert Reeves, poète de l'immensité, dont le regard oscille sans cesse, de la Terre à l'éther et dont l'œil brille de toutes les étoiles de la galaxie, Hubble, figure de proue de l'humanité lancée dans l'espace, tous les techniciens de Kourou, de Cap Kennedy ou de

---

1. Voir sa lettre, p. 165.

Baïkonour, qui portent nos rêves un pas plus loin, sur la Lune, vers Mars ou Vénus, en réussissant l'exploit de poser une tête d'épingle sur une balle de golf à des millions de kilomètres d'ici pour mieux te connaître et te comprendre… Depuis, je survole la Lune en toute quiétude au-dessus de la mer de la Tranquillité, sur les petits moteurs micrométriques du télescope avec l'impression d'être aux commandes d'un astronef, je navigue des anneaux de Saturne aux satellites de Jupiter, émerveillé d'appréhender ainsi la perspective infinie de ta réalité. Une leçon d'humilité, qui ramène chacun d'entre nous à la dimension d'un grain de poussière, face à l'univers.

À l'œil nu, je guette avec jubilation à 22 h 46, le 29 août 2005, venant du sud-sud-ouest à 10° de déclinaison, le passage quotidien de la Station spatiale internationale, superbe étoile défilante qui se lève avant de disparaître vers l'est en trois minutes… Elle fonce en silence au-dessus de nos têtes à 28 000 km/h et, sans pouvoir la quitter des yeux, je songe à ses occupants, russes, américains, européens, affairés à des tâches expérimentales ou partageant en apesanteur un sachet lyophilisé en parlant de la Terre-Patrie, à des années-lumière des frontières de leurs nations et de la couleur de leurs uniformes… Fascinant contraste avec le vide sidéral, leur présence minuscule porte vers toi le rêve le plus ambitieux de l'humanité. Tous, de Léonard de Vinci à Mermoz, de Copernic à Galilée, de Newton à Einstein ou de Saint-Exupéry à Gagarine, ont rêvé de te toucher du doigt. S'envoler en pensée, en mathématiques ou en observation, mais s'envoler… Affranchis de la pesanteur des idées, ils se sont fait la courte échelle, à travers les siècles, pour offrir à nos esprits une superbe entrée en matière. Aujourd'hui, quand je te contemple, si je pose peu à peu, au milieu de ce puzzle immense, quelques repères sur la beauté poétique de tes constellations et sur l'incommensurable mystère qui nous entoure, si je m'intéresse aux planètes inconnues que l'on commence à découvrir autour de soleils semblables au nôtre, si je goûte le moindre scintillement aux confins de l'univers comme un signe de vie, c'est parce que je les vois avec les yeux de mon beau-père, le passeur de lumière qui m'a appris à regarder plus loin, plus haut, et plus profond…

En t'écrivant cette lettre aujourd'hui, c'est à lui que je m'adresse…

Tendrement,

Yves

Les étoiles une à une
S'allument au ciel du soir
Je regarde la Lune
Rose sur ce fond noir…

« Le Simple Fait que tu existes »

Lettre de Jean, mon beau-père

— JOYEUX NOEL —

C'était un homme ordinaire qui ignorait quelque peu le monde qui l'entourait, puis, par une belle nuit d'été, par hasard, peut-être par solitude, il avait découvert le ciel.

Il comprit alors qu'il était un petit morceau de l'Univers, il en ressentit une certaine fierté mais aussi une grande peur face à l'inconnu.

Alors pour échapper à cette angoisse il passa des heures, des nuits à observer. Il se mit à voyager dans ce ciel familier de notre système planétaire, puis, petit à petit il aborda le ciel profond des amas, des nébuleuses, des comètes et de tous ces mondes mystérieux.

L'angoisse laissa la place à l'émerveillement, à la jubilation, parfois au rêve.

Les années passèrent, il comprit que les nuits froides n'étaient plus de son temps, que ses yeux se brouillaient, était-ce d'avoir tant dérobé de lumière fossile, peut-être aussi d'avoir parfois pleuré en cachette ?

Toujours est-il qu'il se posa la question de savoir qui seraient ses yeux plus tard - - -

Et, il pensa à celui, qui sans doute irait plus loin que lui dans la curiosité scientifique, mais qui l'accompagnerait toujours dans la beauté du ciel.

Bien sûr, Yves, tu l'avais compris, celui-là c'était toi. Ainsi, tu seras mes yeux dans ma nuit -

L'homme jeta un dernier regard sur le ciel étoilé, se rappela le proverbe chinois

" On ne peut marcher en regardant les étoiles "
" Quand on a une pierre dans son soulier "

Il se coucha, paisible, rassuré, s'endormit et il rêva aux étoiles.

Paris le 24 décembre 1994

Jean

À René Barjavel

Cher René Barjavel,

Je venais juste de finir votre dernier roman, *L'Enchanteur*, et j'étais encore imprégné de la douceur de Viviane, écœuré par la cruauté de Morgane, émerveillé de la densité du livre. La légende des chevaliers de la Table ronde, sous votre plume, avait une saveur nouvelle, un parfum d'amour et de magie qui m'avait emporté dès la première page. Je l'avais lu d'une seule traite, en ne regrettant qu'une chose : devoir refermer le livre. Quitter la forêt de Brocéliande était un arrachement, et jamais Merlin, Perceval ou Lancelot ne m'avaient semblé aussi proches, aussi émouvants. Ce jour-là, j'étais invité par RVS, Radio Versailles Service, pour une émission de deux heures, et vous êtes entré dans le studio.

Vous étiez la surprise que m'avait réservée la station, avec la complicité de Noëlle, qui partageait ma passion pour vos ouvrages. *Le Grand Secret* avait été l'ultime lecture de maman. Cela, déjà, vous donnait une place à part dans la bibliothèque de mon cœur. Et ce fut le début d'une longue fidélité. Adolescent, je dévorais les histoires fantastiques et les nouvelles de science-fiction de la collection « Présence du Futur ». Isaac Asimov et Van Vogt étaient mes auteurs de chevet. Puis j'ai lu *La Nuit des temps.* Un Français pouvait donc faire aussi bien dans le genre… Je trouvais aussi chez vous une poésie particulière, qui tranchait avec la rigidité de l'univers robotique d'Asimov et manquait à la rigueur un peu scientifique de Van Vogt. J'ai béni un jour Pierre Tchernia d'avoir réalisé un téléfilm d'après votre *Voyageur imprudent.* Au-delà de tous vos autres livres, il y avait *La Charrette bleue*, où vous racontiez votre enfance. J'ai gardé l'image de votre père, boulanger, levé silencieusement à quatre heures du matin pour descendre à son fournil et qui, pour que votre maman ne se réveille pas aux premières lueurs de l'aube, repoussait depuis le jardin le volet de la chambre, au premier étage, avec le manche de sa pelle à enfourner… J'étais si familier de votre univers que, lors de cet échange, j'avais l'impression de pouvoir anticiper la plupart de vos réponses aux questions de l'animateur… Et puis vous avez eu cette réflexion : « Vous savez, j'ai une petite-fille, et à ses yeux, jusqu'à présent, j'étais un vieux monsieur gentil et un peu embêtant, mais depuis que je lui ai dit que j'allais rencontrer Yves Duteil, j'ai considérablement grandi dans son estime… » Alors qu'au même instant je me sentais comme un petit garçon devant votre sourire radieux ! Vous m'apparaissiez tel que je vous imaginais, ouvert et bienveillant. J'ai gardé de ces moments précieux le sentiment d'avoir reçu un cadeau, vécu un privilège.

J'ai adoré cette rencontre et je vous ai écrit pour vous en remercier. Quelques jours plus tard, j'ai reçu votre réponse :

Cher Yves Duteil,

Je suis heureux que vous ayez aimé mon livre, et que vous ayez pris la peine de me l'écrire. Vos lettres m'ont surpris autant que touché : il n'est pas habituel qu'une rencontre autour d'un micro donne naissance à autre chose qu'à des courants d'air... Je vous aime aussi tous les deux, et l'amour visible qui vous unit et vous entoure et que, par la grâce de votre talent et la magie de la technique, vous répandez dans tous les cœurs à travers les oreilles.

Vous êtes l'enchanteur.

Je vous embrasse.

Cette lettre m'est restée aussi précieuse que votre regard sur l'univers. Un regard sans concession, tendre et drôle, qui dépeint les hommes à la pointe de la vie terrestre, mais aussi au sommet de l'horreur. Passant avec poésie du futur au passé, vous m'avez fasciné au présent, livre après livre... Souvenirs, romans, essais ou légendes, je les ai retrouvés dans les étagères du salon, pieusement regroupés. Je vous lisais comme on écoute un conteur. Votre voix résonnait dans ma tête et accompagnait les rebondissements de l'histoire d'un léger sourire de quatrième de couverture. J'ignorais où vous alliez m'emmener, mais j'y allais en toute confiance. Même si ça commençait parfois par la fin du monde... Et puis, vous m'avez tant fait sourire à travers le regard de Fernandel, qui fut votre don Camillo au cinéma[1]... Vous

---

1. Voir la note de la p. 48.

avez écrit une « Lettre aux vivants qui veulent le rester... » Pour moi, vous le resterez encore longtemps. Mon plaisir de vous lire se double du bonheur de vous avoir connu...

Yves

Le monde appartient aux plus sages d'entre nous
Les savants, les poètes et les fous...

« Les Savants, Les Poètes et Les Fous »

R. Barjavel — 21-6-84

Cher Yves,

Je suis heureux que vous ayez aimé mon livre, et que vous ayez pris la peine de me l'écrire. Vos lettres m'ont surpris autant que touché : il n'est pas habituel qu'une rencontre devant un micro donne naissance à autre chose qu'à des courants d'air. Je vous aime aussi, tous les deux, et l'amour visible qui vous unit et vous entoure et que par la grâce de votre talent et la magie de la technique, vous répandez dans les cœurs à travers les oreilles.

Vous êtes l'en*chanteur*

Je vous embrasse

R Barjavel

À Sa Sainteté le dalaï-lama

Votre Sainteté,

Tout a commencé entre nous en 1989, par un simple fax reçu à la mairie. Le Comité de soutien au peuple tibétain demandait au conseil municipal de Précy de parrainer un prisonnier d'opinion dans l'espoir d'obtenir sa libération. Ce message évoquait en particulier le sort de Ganden Tashi, un jeune moine emprisonné à Drapchi, la plus dure des prisons chinoises de Lhassa. Aux dernières nouvelles, Ganden semblait mal en point. Paralysée à la suite de mauvais traitements, son état exigeait des soins intensifs que, bien sûr, ses geôliers s'empressaient de ne pas lui prodiguer. Il fallait donc faire vite. Nous avons écrit immédiatement à toutes les instances concernées. Outre les lettres à adresser aux autorités chinoises avec leur traduction en anglais, cet épisode nous a fait toucher du doigt l'oppression dont votre peuple a été, et continue à être la victime, et nous avons découvert, au passage, votre histoire, une culture et une spiritualité d'une insondable richesse. Il est incroyable de voir à quel point, au siècle d'Internet, on peut encore occulter des vérités à l'échelle d'un pays, poser une chape de silence sur ce que les hommes ne doivent pas entendre. Le monde entier vous connaît, bien sûr. Mais la plupart de ceux qui célèbrent votre nom sur la planète ont à peine idée du calvaire qu'endure votre peuple depuis 1950. Le message qui parvient en Occident est plus volontiers celui du bouddhisme et de la spiritualité, l'image de la sagesse ancestrale des Tibétains et la science de l'esprit... Mais sur la violence, les emprisonnements arbitraires, la torture, les enlèvements, la destruction systématique des temples et les persécutions, les informations filtrent au compte-gouttes, par des réseaux capillaires, associatifs, par des voies détournées, des itinéraires clandestins. Les gouvernements n'ont pas de latitude pour en parler. Officiellement, on ne peut que mentionner poliment l'importance qu'accordent les nations occidentales à la question des droits de l'homme. Et, en coulisses, intervenir avec diplomatie pour suggérer la libération de tel ou tel(le) prisonnier(ère). Au-delà, ce serait la rupture de tout dialogue. Courageux sont les responsables politiques et les journalistes qui évoquent ouvertement ces questions dans leurs discours et dans leurs colonnes. Il revient donc aux individus, aux associations, aux organismes indépendants et à l'opinion mondiale de véhiculer la vérité par petites touches impressionnistes, jusqu'à recomposer la réalité pixel après pixel, comme un gigantesque puzzle dont l'horreur est divisée à l'infini. C'est pourquoi nous avons immédiatement « embarqué » à vos côtés dans ce combat désespéré. Pour être un grain de sable dans le mandala de cette opération de survie. Votre philosophie de la compassion ne peut nous laisser indifférents. La détresse psychologique de l'Occident et son matérialisme effréné ont besoin de vos lumières. Avant tout, c'est cette culture que les Chinois veulent réduire au silence. Alors elle ne doit pas disparaître. Ganden Tashi a été libéré en 1990. Très malade, il a recouvré l'énergie pour continuer à défendre la liberté en votre nom. Peu après, une cassette audio parvenait jusqu'à nous, portant les voix un peu brouillées d'un groupe de jeunes filles qui chantaient ensemble des mélodies haut perchées sur des paroles à la gloire de Votre Sainteté. Ce chœur bouleversant, sorti d'un cachot de la prison de Drapchi, a valu à Ngawang Sangdrol, onze ans, déjà condamnée à huit ans de détention pour avoir manifesté dans la rue, d'être condamnée cette fois à vingt-quatre ans. Ngawang est alors entrée dans notre vie. Est-ce elle qui nous accompagnait ou nous qui la rejoignions ? Elle faisait partie de notre quotidien. À chaque concert, je chantais « La Tibétaine » et la flamme de sa détermination ne s'éteignait jamais. Elle symbolisait, pour nous comme pour nombre de Tibétains, le courage de tout votre peuple, et l'espoir de sa libération laisserait augurer pour vous tous une issue favorable. Nous avions épisodiquement de ses nouvelles par des filières discrètes, mais nous craignions pour sa vie. La rumeur d'une libération prochaine de la « Petite » grandissait de jour en jour, et la confirmation est tombée le 17 octobre 2002. Ce fut pour nous un événement d'une portée extraordinaire. Sa répercussion dans le monde a fait l'effet d'une onde de choc, souterraine, invisible, accompagnée d'un impressionnant silence médiatique. Les centaines de milliers de personnes qui s'étaient mobilisées pour elle ont frémi d'émotion, comme une clameur muette mais immense, qui a fait le tour de la planète de proche en proche… Puis, la vie a repris son cours, refermant les portes de Drapchi sur les compagnes de captivité de Ngawang, sur le souvenir de son père, incarcéré lui aussi, mais qu'elle n'a pas revu… Quand nous l'avons rencontrée quelques mois plus tard à Paris, son visage lumineux semblait ne plus porter les traces de ces souffrances. Ses yeux, qui se voilaient par instants, exprimaient une détermination intacte. Toujours à la pointe du combat, elle voulait remercier, croiser les regards de ceux qui l'avaient aidée à vivre, à espérer. À l'évidence, c'est vous qui l'avez soutenue pendant toutes ces années.

Loin du prosélytisme courant dans la plupart des religions du monde, vous recommandez à chacun d'approfondir sa propre spiritualité dans le cadre de sa culture d'origine. Le bouddhisme est à ma connaissance la seule croyance à n'avoir jamais pris les armes pour imposer sa foi comme on impose sa loi. Nous avons eu la chance, Noëlle et moi, d'assister à une conférence que vous donniez à Paris, et nous avons été sensibles à l'intensité de votre présence, à votre humilité, à la pertinence de vos réponses. Votre voix remplissait l'espace comme si elle montait des profondeurs du temps. D'ailleurs, disiez-vous en riant, et en brandissant votre montre-bracelet : « Le temps n'a pas de véritable existence : le présent est insaisissable, le passé n'est plus qu'un souvenir et le futur n'existe encore que dans notre imagination… » Puisque tout change en permanence, le plus solide, au long de nos vies, ce sont les sentiments qui s'inscrivent dans la durée. L'immatériel est plus résistant que la matière ! Je comprends l'urgence de dispenser votre enseignement comme une façon de lutter contre le naufrage de ce savoir précieux, accumulé par des générations de recherches et de réflexion sur la nature profonde de l'esprit. Un vrai SOS (Save Our Souls) pour un patrimoine irremplaçable de l'humanité. Les Chinois ont enlevé le jeune panchen-lama, réincarnation du deuxième chef spirituel du Tibet, pour briser la lignée authentique des dalaï-lamas et interrompre le processus de leur reconnaissance. Peut-être serez-vous le dernier…

Il y a beaucoup de bon sens et de justesse dans vos paroles, dans vos écrits. Vous êtes sans doute, aujourd'hui, la personne au monde que j'ai le plus envie de rencontrer. Et j'aurais peur de cette rencontre. Peur de ne savoir que vous dire, d'être intimidé et de perdre mes moyens, d'oublier les mots que j'aurais mis longtemps à vous adresser dans ma tête et dans mon cœur. Vous êtes un humain dans le sens le plus noble du terme. Pétri d'émotions, de chair et de souffrances, vous semblez vivre au-dessus de vous-même, ouvert à un univers bien plus vaste que le visible, juste au milieu de Tout. Mais vous êtes présent à chacun.

Je suis resté ancré dans ma culture, mais je vous porte en moi, avec infiniment de gratitude pour l'aide que vous m'apportez bien souvent. Vous êtes une référence du monde, un repère dans l'éternité, il y a beaucoup à apprendre de vous et des vôtres. Vous ne confondez pas les dirigeants arrogants de la Chine et vos frères chinois qui souffrent sous leur joug. Autrefois, les empereurs de Chine protégeaient le Tibet, en échange des conseils judicieux de leur chef religieux. Aujourd'hui, la Chine manque cruellement de cette dimension spirituelle qu'elle a effacée de ses tablettes, mais il semble qu'en secret certains hauts dirigeants la regrettent... C'est peut-être le signe précurseur d'un changement derrière la Grande Muraille, et même si le temps n'existe pas, peut-être faut-il attendre pour espérer... comme Ngawang, au plus noir de sa cellule, plongeait dans l'océan de votre pure sagesse...

Votre Sainteté, je vous adresse mes vœux de très longue vie, et l'expression de mon plus profond respect.

Yves

Nous gardons la blessure au cœur
Du chagrin des peuples qui meurent
Par la force ou par la violence
En perdant jusqu'à l'espérance

Cette lignée si elle s'éteint
Avec le dernier Tibétain
Laisserait pour l'éternité
Tant de portes à jamais fermées...

« La Tibétaine »

Lettre à la Terre

Chère planète,

Tu nous as sur le dos depuis des millénaires et, à l'heure où on interroge le premier qui passe sur tout et n'importe quoi, il me prend l'envie de savoir ce que tu penses de ces mammifères à deux pattes qui ont survécu aux dinosaures, aux mammouths et à tous les cataclysmes que tu as semés sur eux pour les rendre au néant... Au fond, ta vraie nature est-elle généreuse, comme tes arbres qui offrent leurs fruits à tout le monde, sournoise comme ta jungle, hostile comme ta banquise ou furieuse comme tes ouragans du Pacifique ? Y a-t-il un cœur qui bat sous ton écorce terrestre ? Es-tu faite pour nous, ou nous pour toi ? Allez, laisse-moi deviner si nous te sommes vraiment utiles, ou si tu nous observes simplement du coin de l'œil du cyclone, pour voir si on va sortir de ce Fort Boyard avec le trésor ou croqués par les tigres... C'est vrai, c'est un peu énervant ton silence, on marche dans le noir et, devant cette infinité de choix à faire à tout bout de champ, il faudrait qu'on découvre tout de suite la bonne piste, qu'on résolve toujours l'énigme pour élucider les mystères et qu'on sache à l'avance quelles seront les conséquences de nos tâtonnements dans cent cinquante mille ans... Et, pendant qu'on cherche, on sent bien que toi tu sais. Tu as réponse à tout, et tu ne dis rien. Tu ris sous cap de Bonne-Espérance. Tu ne pourrais pas nous faire gagner quelques siècles en nous donnant des antisèches contre la canicule et quelques tuyaux sur le désert ? On n'a pas grand-chose à te donner en contrepartie, mais, au moins, tu aurais la paix, on cesserait de se battre contre tes montagnes, de creuser tes méninges pour donner du pétrole à nos idées, on saurait si un principe de précaution vaut mieux qu'une précaution de principe, et pourquoi le clone a l'ère si triste... C'est vrai, on devrait être équipés pour découvrir tout cela, puisqu'on a des milliards de neurones, mais sans doute a-t-on égaré une notice au passage... Il nous manque un Petit Prince qui viendrait d'ailleurs pour nous dire des vérités simples sur nos vies compliquées, une pierre philosophale qui changerait nos plombs qui pètent, en or qu'idées... Dans ta réalité géologique, tu prends le temps de faire le tour de la galaxie à pied. Ça rend un peu hasardeux le décryptage, sur une courte vie d'homme... Alors on est condamnés à attendre, attendre les messages des sondes spatiales, les performances des bathyscaphes, la précision des microscopes et la puissance des télescopes pour t'arracher un à un tous les secrets que tu pourrais nous révéler tout de suite... En attendant, on confie notre destin à la démocratie. Celui qui fait le mieux semblant de tout savoir est élu pour demander ensuite à ceux qui ont le plus de diplômes de lui dire ce qu'il faut faire devant l'inconnu... Et, sitôt qu'il est élu, on ne songe qu'à le remplacer par un autre qui a l'air de mieux savoir demander aux mêmes... Depuis que tu nous sens nous agiter à ta surface, de plus en plus nombreux, de plus en plus puissants, est-ce que tu as aussi peur que nous de l'avenir ? Je ne le crois pas. Tes pommiers font toujours des pommes sans trop de pépins, tes nuages ne se demandent jamais s'ils ont bien plu, tu n'as jamais besoin d'une main sur les pôles pour te consoler. Mais, quand même, on doit bien servir à quelque chose. En fait, on t'aime beaucoup. Et on aimerait éviter de commettre de très grosses fautes. Le genre irréversible, les déchets nucléaires, les OGM, les virus, le climat… mais on sait qu'on est déjà dedans. Nous oui. Mais toi, pas vraiment. À l'échelle de l'univers, tu digéreras toutes les erreurs comme des errances, en prenant le temps qu'il faut. Et même si, par malheur, on venait à disparaître dans une catastrophe du type dinosaures ou Atlantide, les scorpions ou les huîtres prendraient le relais. Ce serait dommage parce que je crois que les scorpions sont encore plus méchants que nous, et que les huîtres mettraient beaucoup plus longtemps à rattraper le niveau de connaissances qu'on a atteint. Tu vois, tu aurais tort de faire preuve de trop de pesanteur à notre égard. Si tu t'obstines dans ce silence sidéral, l'atmosphère va vite devenir irrespirable entre nous. Alors, fais un petit geste : après tout, tu nous as hérités de nos parents mais c'est toi qui vas hériter de nos enfants… Tu as peut-être intérêt à composer avec eux par avance, parce que, je te préviens, ils ne sont pas faciles. Tu as connu déjà pas mal de révolutions, mais ils vont te faire une vie à coucher dehors si tu nous fais tourner en rond trop longtemps…

Tout est en équilibre dans l'univers. Les étoiles avec leurs planètes, les planètes avec leurs satellites, les quarks, les ions et les photons, les grains de matière et d'antimatière, mais nous, entre deux lames de fond, quel microscope nous regarde mourir et vivre ? Pourquoi notre cœur sait-il déjà des choses que notre cerveau ignore ? Tu as nourri nos corps depuis notre venue au monde… Il te reste à nous apprendre à vivre avec toi, dans le respect de la diversité que tu as fait éclore de tes profondeurs. Il nous reste à grandir en sagesse et à tuer la haine, nous avons besoin de toutes tes forces pour t'aimer mieux, pour penser vrai, pour comprendre plus loin, et te rêver plus belle. Je crois qu'il y a le feu à la maison. Dis-nous où sont les extincteurs, vite, j'ai peur que l'humanité n'échoue avant d'avoir pris son envol…

Avec tout l'amour de la Terre,

Yves

Jonathan ouvre-moi les ailes
L'univers n'est pas assez grand
Et les mots seraient infidèles
À décrire ce qui nous attend…

« Jonathan »

À la Politique

Chère Politique,

Dans la charade du monde, tu es notre Tout... Immense jeu de Lego sans véritable notice, ferment de l'Histoire, source de toutes les guerres et de toutes les paix, au cœur de l'édifice le plus complexe, du labyrinthe le plus inextricable, tu restes l'outil le plus merveilleux pour forger l'avenir... Tu es le poste de pilotage de l'humanité. Mais y a-t-il vraiment un pilote dans l'avion ?

Au commencement était la tchatche. C'est le fil de tes mots qui nous relie, nous assure en cordée sur les falaises de l'inconnu. En principe, il nous entrave pour mieux nous libérer... Le verbe est le premier pas vers le pouvoir. Poigne de fer dans une langue de bois, tu es le remède et parfois le mal lui-même... Tout dépend qui se cache derrière ton masque souriant de démocrate éclairé. De rebondissements en coups de théâtre, de trahisons en victoires, tu es le fruit de nos rêves et le terrifiant pépin de notre réalité. Depuis longtemps, je t'observe du coin de l'urne. J'ai le plus grand respect pour les gens qui s'engagent et c'est sans doute pourquoi je t'adresse cette lettre aujourd'hui. Tu attires les vocations de ceux qui consacrent leur vie au service des autres. La plupart de tes disciples ont le mérite de s'exposer aux tiers pour protéger ceux qui s'assurent tous risques. Ils sont dehors par gros temps, face aux déferlantes de colère et à la houle qui gronde, doivent maîtriser les vents de la haine, répondre avec calme aux lames qui cinglent au visage et savoir perdre avec élégance le combat de leur vie. Discrets, innombrables et bénévoles, ils construisent la démocratie comme un puzzle, dont ils sont souvent les pièces maîtresses, mais où la seule qui compte est toujours celle qui manque… Comme il faut bien plus longtemps pour savoir faire que pour faire savoir, on remarque davantage ceux qui en font moins, mais qui prennent tout le temps pour le dire… C'est la dérive des incontinents du verbe, de la formule choc, des petites phrases et de l'effet d'annonce, contre le bon sens, la mesure et le mot juste, qui font un flop à l'Ifop. Ce qui prend deux nuits au Sénat dure une minute au 20 heures, on doit se faire une opinion top chrono.

Il faut un sacré courage pour prêcher le vrai au cœur de « l'infaux »… Pourtant, les enjeux sont passionnants, exaltants. L'intérêt est capital, et les dividendes, sans doute incalculables pour certains, se mesurent en milliards de devises, dont la plus répandue, « Chacun pour moi », s'inscrit en hausse sur toutes les places du monde. Tu es notre recours contre cet égoïsme, notre espoir de voir un jour des hommes de bonne volonté unir leurs efforts contre le gâchis d'une telle fatalité. Cette trame se bâtit peu à peu sur la planète, elle se défait, parfois, au détour d'une erreur de parcours ou sous le choc d'une bombe meurtrière qui retarde l'échéance, mais elle existe, et elle avance. Tu auras besoin de toutes tes forces pour résister aux vents qui attisent les rancœurs et claquent les portes, pour renforcer ceux qui les ouvrent à deux battants. J'en connais beaucoup qui prennent leur part avec humilité dans ce travail de fourmi sans chercher pour autant à figurer dans *Le Livre des records.* L'histoire retiendra ce qui manquerait s'ils n'avaient pas existé…

Chère Politique, j'ai de la peine quand tu chantes faux, quand tu mens, quand tu déguises tes reniements en figures de haute voltige. J'ai du mal à reconnaître ta noblesse dans les combats stériles qui brisent les ailes aux défis d'envergure… Est-ce pour cela que j'éprouve toujours le besoin de préciser que mon engagement n'est pas politique, mais citoyen ? Tu voudrais tant nous faire croire que tout est sous contrôle… Te fatigue pas, ça ne sortira pas d'ici… Mais même si tu es loin d'être parfaite, tu vaux infiniment mieux que ta caricature qui a fini par supplanter la réalité aux yeux du plus grand nombre, et qui assène à chaque nouvelle élection un rejet global de l'autorité en place. Je te trouve parfois cruelle, cynique à l'égard de tes serviteurs loyaux abattus en vol, injuste envers les sacrifiés, mais je te tire mon chapeau pour ton panache et ta superbe, parfois, à la barbe du monde…

Je te souhaite le meilleur des vents de l'avenir pour porter notre rêve de paix, de justice et de liberté sur tes grandes ailes et, en attendant l'autorisation de décollage, dis-moi, si tu le sais, où est vraiment le pilote de l'avion…

Yves

Et si parfois la politique peut rejoindre la poésie
Il arrive que la musique lui insuffle son âme aussi…

« Avec les gens de mon village »

À ceux qui décident des guerres

Vous qui avez le doigt sur la puissance armée et sur les codes du feu nucléaire, vous qui, d'une simple parole pouvez faire pleuvoir un déluge de fer et de sang sur des milliers d'innocents pour neutraliser quelques dizaines de criminels, m'accorderiez-vous quelques minutes avant de lâcher vos projectiles ?

Avant de nous résoudre au mal nécessaire, on se doit d'épuiser tous les recours. Au stade ultime, seule une spiritualité éclairée pourrait s'élever contre la folie destructrice. Mais lorsqu'un dieu est appelé en renfort pour bénir la violence, tous les repères humains s'effondrent. Décider d'une guerre est une responsabilité très lourde. La prédire propre et rapide relève du cynisme ou de l'utopie. Une fois semée, chaque graine de fureur pourra germer un jour ou l'autre en fleur du mal, produire des grappes de fruits vénéneux. L'histoire du monde ressemble à une généalogie de la haine. Nous épousons des querelles, chaque victoire est une revanche qui aura mobilisé notre intelligence et nos talents en phagocytant dans notre esprit tout l'espace de création. La colère nous transforme en animaux cruels. Celle de l'automobiliste à qui l'on vient de faire une queue de poisson serait-elle digne d'un chef d'État ? Vous qui avez su vous battre pour conquérir le sommet d'un Everest électoral, vous qui avez prêté le serment de conduire vos pays avec discernement, rembobinez la vidéo de l'Histoire... Chaque deuil renforce davantage la détermination des survivants. Comme les répliques d'un tremblement de terre, les conséquences de la violence n'en finissent plus d'amplifier l'écho des battements de cœur en tambours de guerre. L'onde de choc confond les vagues d'assaut et l'horreur des représailles dans un cycle infernal. Face à la gloire du sacrifice suprême, de New York à Madrid, de Londres à Moscou, le danger est devenu quasi imparable. Pour le bonheur de « mourir utile », les affrontements militaires se muent en carnages civils, dont les images largement répandues démultiplient l'horreur en distillant la terreur jusque dans les urnes des démocraties. Les journalistes, les bénévoles des organisations humanitaires venus aider les populations, sont pris en otages ou même assassinés. Le piège se referme. Les États peuvent-ils s'autoriser à commettre précisément les excès qu'ils répriment ? Devrez-vous répondre au meurtre par l'assassinat ? Fallait-il répliquer à l'éventualité d'armes de destruction massive par une destruction massive d'innocents ? Pourquoi tant d'injustice pour restaurer l'équité ? Combien de prisons construites au nom de la liberté, d'arbitraires revêtus du nom de démocratie ? Toute cette mort répandue au nom de la vie alimente, pour des générations, la haine d'Afghans, de Tchétchènes, de Tibétains. Nous n'en sommes sans doute qu'à l'aube de l'humanité, et toutes les luttes menées par les hommes depuis la nuit des temps ont semé assez de rancœurs et de soif de vengeance pour nourrir des conflits pour l'éternité. Il faudra bien à un moment ou à un autre que la force brutale cède le pas à la parole, et que vos têtes chercheuses rangent les missiles au rancart. Parmi les vôtres, beaucoup seraient prêts à donner leur vie pour que l'Histoire s'écrive autrement, pour que le fait de mourir en guerre cesse d'être l'ultime recours pour espérer vivre en paix. Certains, en éclairant leur conviction irakienne à la lueur des lampes à pétrole, sont devenus des producteurs de brutes. Quand viendra le temps d'enterrer la hache de guerre, on ensevelira aussi la vérité, pudiquement recouverte d'un drapeau, de discours et d'hommages solennels, pour dissimuler un embarras, un remords. Chaque vie est précieuse, aucune ne vaut le prix du mensonge. Sur les théâtres d'opérations, où la critique n'a aucune prise, les fautes de frappe laissent des bavures indélébiles. Et, sur le terrain, des innocents côtoieront pendant des années des munitions qui n'ont pas encore explosé, disséminées par des bombes à fragmentation, des mines anti-personnel dissimulées dans le sol. Pour ceux-là, longtemps encore, le remède restera pire que le mal.

Combien faudra-t-il encore de vie d'enfants pour que les ennemis d'hier s'étreignent en ouvrant un nouveau chapitre de leur histoire ? Nous sommes faits de chair et de sang, et se battre est dans notre nature. Comme les tigres et les loups.

Mais notre nature profonde repose aussi sur notre statut d'êtres les plus conscients de la planète. La technologie nous a permis de multiplier en même temps notre pouvoir de destruction et notre force de dissuasion. « Œil pour œil rendra l'humanité aveugle », disait Gandhi. Le monde peut se transformer dans la paix. J'aurais tant aimé m'en remettre à votre clairvoyance…

Yves

J'imagine que les regardent
Ceux qui sont morts d'avoir osé
Braver les crocs des chiens de garde
Pour franchir les fils barbelés

« L'Autre Côté »

Aux éclaireurs de la paix

Pendant que certains décident des guerres, d'autres s'engagent résolument pour la paix. Un itinéraire dangereux, mais le seul qui ouvre toutes les chances à l'espoir. Sans Nelson Mandela, l'Afrique du Sud seraitelle venue à bout de l'apartheid ? Sans Gorbatchev, la chute du mur de Berlin aurait pu tourner au bain de sang, comme à Pékin, place Tien-An-Men. Et si Rabin avait vécu, où en serait, à présent, le processus de paix israélo-palestinien ? Les héros du passé étaient des guerriers sanguinaires. Les grands hommes d'aujourd'hui sont des artisans de la paix. Des vainqueurs à leur façon.

J'admire ceux qui, au cœur de la tourmente, voient plus loin que l'enfer où ils sont plongés. Ceux qui, au plus profond de la nuit, travaillent pour voir se lever le jour et pour effacer les traces des cataclysmes, là où la nature humaine est parfois tentée de cultiver la rancœur, d'attiser la haine, de ruminer le goût amer des ruines et de la cendre. L'armée silencieuse des soldats de la paix, des négociateurs, des émissaires, et des diplomates porte, en temps de crise, les espoirs d'une solution pacifique aux colères des hommes. J'ai une grande estime pour ceux qui, contre vents et marées, gardent le cap vers la lumière, vers le calme et vers le rivage, quelles que soient la violence de la tempête et la force des vagues, quels que soient les dangers qui les guettent personnellement. Ceux-là sont de vrais capitaines pour l'humanité. Comme la première repousse d'un arbre menacé, la paix retrouvée doit surmonter tant d'adversité, franchir tant d'obstacles qu'elle mérite de notre part la protection la plus vigilante, les soins les plus attentifs et le respect le plus profond. La douceur de vivre est, sans doute, l'héritage le plus noble que nous lègue la violence. Nous avons parfois la mémoire trop courte pour nous en souvenir, au moment où la tentation d'en découdre est la plus forte. Car si les peuples pris au piège de la dictature n'ont parfois d'autre recours pour exprimer leur révolte, rien ne peut justifier pour autant de broyer l'innocence au nom de la liberté. La terreur aveugle ne porte aucun espoir de lumière. Son injustice offre le prétexte à une répression plus sanglante encore. Tourner sept fois l'épée dans son fourreau avant de se défendre expose à une mort certaine, mais frapper trop vite peut compromettre tout espoir de solution. Entre les deux, le sentier est étroit pour l'éclaireur de tête. Au sommet, la route est plus sinueuse et l'enjeu est immense. Le gouffre borde toujours la piste et l'altitude donne le vertige.

Seul le recul de l'Histoire peut rendre compte des avancées de l'humanité dans ce domaine où rien n'est écrit d'avance.

Un peu de Machiavel, une once de stratégie, quelques pincées de malice et de diplomatie ne font pas peur au sage, pour qui l'avenir se dessine d'abord au brouillon. Il faut du courage et une grande sagesse pour avancer vers la paix à travers les champs de mines semées en temps de guerre. Les traités sont truffés de bombes à retardement, et la planète est un gigantesque jeu d'échecs, où les peuples ne peuvent compter que sur la sincérité de leurs dirigeants, sur leur lucidité et leur discernement pour tenir tête à la ruse et à la fourberie. Face à l'intox, l'instinct de survie est parfois plus sûr que l'avis des experts. Nous n'en sommes probablement qu'à l'aube de l'humanité, mais notre rêve est plus solide que la réalité, qui ne cesse de se recomposer, de se défaire… Un jour viendra où l'humanité ne sera plus qu'un seul peuple. Uni, mais pas uniforme. Nous aurons vaincu alors cette fatalité qui a déposé dans nos gènes une agressivité instinctive qui, pour faire de nous les conquérants d'un monde hostile, nous dresse aussi contre ceux qui pensent ou agissent différemment. Tous différents, nous avons pourtant l'avenir en commun. Et il se peut aussi que l'humanité échoue dans sa mission, même de peu…

Probablement la plus grande bataille qu'il nous reste à livrer : contre nous-mêmes.

Yves

Entre les larmes elle savait
Qu'aucun hymne à la paix
Ne lui ramènerait
Malgré l'espoir et la foi
Tout ce bonheur d'autrefois

Elle était grande et pourtant
On aurait dit une enfant
Une petite fille qui pleurait son grand-père
Parmi les grands de la Terre

« Grand-père Yitzhak »

À Christian
Maire adjoint à la mairie de Précy

Mon cher Christian,

La pudeur fait souvent obstacle aux confidences. C'est donc entre ces lignes que tu liras combien ton amitié nous est précieuse. Mais ce qui passe dans les regards est tout aussi explicite. Et nous nous voyons souvent... Au-delà de ce que nous partageons grâce à la vie municipale, qui nous donne maintes occasions de travailler ensemble, je veux évoquer la dimension humaine de cette relation, la richesse qu'elle nous a révélée au fond de toi, et les trésors de dévouement et d'intelligence que tu sèmes sur ta route avec humilité...

Notre première rencontre a été musicale. Tu jouais mes chansons sur ta guitare, et tu sonnais chez nous en quête d'accords, de partitions et, surtout, d'une amitié que tu as trouvée dès le premier jour. Ta timidité à cette époque (il y a vingt ans) dissimulait encore l'envergure de tes compétences, pas celle de ta générosité. Nous avons constitué avec toi le noyau de l'équipe municipale élue à Précy un peu plus tard, en 1989 : l'association « Vivre à Précy », un creuset d'idées où nous avons trouvé matière à nous amuser en rendant service, à défendre l'environnement, en commençant par le nôtre. Nous nous engagions déjà sur des fronts inconnus, sans expérience ni connaissances préalables, mais forts de nos convictions, et de notre envie d'être utiles.

Après plusieurs mois passés à lutter contre l'extension d'une carrière de sable et de graviers prévue à l'entrée du village, nous nous sommes interrogés, Noëlle, toi et moi devant trois croque-monsieur, en face du Sénat, sur l'opportunité de basculer dans l'action municipale, ou de rester la mouche du coche… Nous avons choisi de franchir le pas, de passer à l'action. Nos croque-monsieur refroidissaient dans l'assiette, pendant que nos esprits chauffaient. Depuis, l'équipe née autour de cette table de bistrot s'est élargie et rien n'a eu raison de sa cohésion. Nous avons connu des succès, essuyé des revers, partagé d'aventures. Notre action, contre toute attente, a fait changer la loi dans des domaines inattendus, notamment pour résorber l'habitat illicite en zone inondable, dont Michel Barnier, alors ministre de l'Environnement, s'est inspiré pour sa « loi sur les risques majeurs ». Dans la même lignée, le nouvel amendement qui permet désormais aux élus d'intervenir pendant dix ans au lieu de trois lorsqu'une habitation est exposée à un risque d'inondation, d'avalanche, d'incendie de forêt ou autres… Sans ton engagement à nos côtés, nous ne nous serions jamais « embarqués » dans cette aventure citoyenne que nous partageons encore aujourd'hui. Jamais, sans cette relation de confiance, nous n'aurions résisté aux pressions qui sont apparues lorsque nous avons engagé des combats difficiles. Nous avons fait ensemble l'apprentissage de la résistance, ouvert tant de sentiers de découverte…

Nous avons salué avec déférence ce côté « kamikaze » qui t'a mené, face à tes détracteurs, à toujours dire ton sentiment à la virgule près, sans déroger de cette droiture qui te vaut bien plus d'estime et de respect que tu ne crois. Nous avons vu aussi tes enfants affronter courageusement les tempêtes que nous soulevions parfois sur leur route. Il est difficile d'être le fils ou la fille de celui qui dit « non » dans son village. La vie municipale est émaillée de ces situations où les élus, particulièrement exposés, doivent faire face au risque physique, sans autre protection que leur courage et la légitimité de leur détermination. Tu es de ces trois cent cinquante mille élus, en France, qui ont choisi de se consacrer au service des autres sans rien attendre en retour. Bénévoles pour la plupart, échafaudant nuit et jour les projets qu'ils caressent puis mènent à bien en plus de leur travail ou de leur vie familiale, ils pâtissent souvent de l'image dégradée de la politique. Porteur d'une vision du village pour demain, tu t'attaches à la développer dès aujourd'hui par l'aménagement d'une place, d'une réserve ornithologique sur un lac, en fédérant les cyclistes ou en restaurant l'église. Tu habites Précy, mais bien au-delà, tu es habité par lui.

Ta vie, qui semblait tracée sur la lancée de ton diplôme d'ingénieur des Arts et Métiers, est une suite d'aventures originales. Cadre au CEA (Commissariat à l'Énergie atomique), tu as porté sur tes épaules les grands projets de la commune, du Parc naturel régional à l'Assainissement des eaux, en passant par la cantine scolaire, avant de créer une entreprise innovante de « projectique[1] » puis d'entrer dans le Comité de veille écologique en tant qu'expert auprès de Nicolas Hulot. Un parcours atypique, fondé sur des choix réfléchis et judicieux. Un exemple pour moi, qui avance plutôt à l'instinct, sur l'inspiration de l'instant.

Je retrouve avec bonheur la photo du mariage de ta grande fille Delphine où, face aux jeunes époux, nous avions revêtu tous trois nos écharpes tricolores pour souligner ton discours et la chanson que tu avais composée pour l'occasion… Notre affection vous a aussi accompagnés, très récemment, lorsque tu as porté ton père jusqu'à son dernier repos…

J'ai beaucoup appris à ton contact, sur le travail en équipe, l'organisation et la méthode, l'opiniâtreté nécessaire pour mener à bien un projet. Mais à nos yeux ta vie est d'abord un modèle de loyauté, de transparence et d'amitié. Quand Noëlle luttait pour sa vie et que nous avons dû nous mettre « entre parenthèses », nous n'oublierons jamais que tu as accepté de prendre la mairie en charge, le temps pour nous de traverser l'épreuve. Savoir que nous pouvions compter sur toi a été une grande force pour nous.

Cher Christian, les tiens savent depuis longtemps quel mari, quel père et quel homme étonnant ils ont auprès d'eux. D'autres ne voient en toi qu'un homme discret, qui traverse l'existence avec simplicité. Mais sans savoir que tu auras changé nos vies,

1. « Projectique » : gestion de projets.

et peut-être un peu la leur, humblement, devant un croque-monsieur qui n'en finit pas de refroidir…

Tendrement,

Yves

Celui qui m'a fait croire aux plus fous de mes rêves
En y rêvant aussi…

« Hommages »

À Précy

Cher village,

Nous avons fait ta connaissance un jour du printemps 1976, au détour d'une boucle de la Marne, et tu nous as présenté ta face cachée, côté rivage, ton meilleur profil... Reflets dans l'eau, champs de blé ondulant doucement sous la caresse d'un vent léger, portion de ciel immense à faire pâlir un astronome, maisons traditionnelles briardes, tout y était, absolument tout. Un véritable traquenard. Ferrés comme des brochets dans le ru du Rapinet, nous avons approché de cette maison dont la photo nous narguait dans le journal, à la page des petites annonces immobilières, avec son saule pleureur devant la façade, et là... devant le toit en Fibrociment, la vieille grille de pavillon, le charme semblait rompu... Mais la maîtresse de maison nous a fait entrer et, au moment de repartir, c'était fait. Dès lors, aucune autre maison ne nous a plus séduits. C'était celle-là et pas une autre. Jamais nous n'avons regretté d'avoir suivi notre instinct... Tes couchers de soleil sur le canal, la couleur du blé, le bleu du lin ou le jaune du colza alternant avec les tournesols, le maïs ou les coquelicots des bas-côtés, toutes les saisons de la lumière se succèdent sur cette arrivée magique... Précy-sur-Marne, notre village depuis trente ans. Tu nous as reçus avec pudeur et simplicité. Nous avons posé notre vie sur toi et, d'année en année, nos racines se sont enchevêtrées avec celles du saule dans les profondeurs de ton sol seine-et-marnais. Douze ans durant, il en sera ainsi entre nous, entre la quiétude de tes méandres et les reflets mouvants de ton ciel sur l'eau. Et puis, un jour, la mer de ta tranquillité a changé de lune, sous la forme d'une affichette jaune, pour nous annoncer l'ouverture d'une carrière de sable et de graviers à l'endroit même où tu nous ouvres les bras chaque soir, sur cette arrivée miraculeuse conquise sur les embarras de la capitale après plus d'une heure de route… Serions-nous les seuls, parmi tes fidèles, à refuser cette hérésie ? La suite nous prouva que non… L'association « Vivre à Précy » est née. Nous partîmes peu nombreux mais, par un prompt renfort, nous nous vîmes un bon nombre en arrivant au port. Quatre-vingt-dix pour cent de tes habitants avaient signé notre pétition et on se creusait les méninges pour t'éviter ce trou béant en guise de bienvenue, mais les bulldozers et les pelles mécaniques ont des arguments plus solides que nos formules chocs. « Non à Précy-sous-Carrières » n'impressionnait pas vraiment l'administration, qui continuait à avancer, étape par étape, vers un Tien-An-Men rural qui allait nous laisser sur le sable… Te sauver était devenu notre obsession. Il ne nous restait plus qu'une seule cartouche : les élections municipales. Et un programme pour ton avenir : « Une volonté de faire »… Quelques semaines plus tard, ceints de l'écharpe tricolore, un peu surpris d'être devenus maire, adjoints et conseillers municipaux, nous avons pu négocier à nouveau le retrait du projet de carrière… Mais, entre-temps, nous nous étions mariés pour six ans avec toi, pour le meilleur et, parfois aussi, pour le pire... C'était en 1989. Précieux Précy... Tu nous passionnes, tu nous inspires. Nous avons découvert en toi la France en petit, avec ses grandeurs et ses détresses, ses débordements, ses bonheurs et ses drames. Mais aussi avec l'affection des regards qui donnent envie de faire plus et mieux, le sentiment profond d'être utiles sur un petit coin de terre, à un petit nombre de gens qui nous ont confié les clés de leur maison de famille pour un long moment. La grande Barbara vivait dans tes murs. Tu en concevais une fierté légitime qu'elle te rendait en tendresse. Elle t'aimait elle aussi. Sans qu'on la voie, elle était présente et active. Tu as été son havre de paix et son dernier refuge. Jamais je ne passe à proximité de sa maison sans penser à elle... Ici, depuis qu'elle est partie, elle est partout. Comme pour elle, notre aventure municipale avec toi est, sans nul doute, aussi une histoire d'amour. Mais surtout, avec ceux qui nous accompagnent dans ce voyage, une affaire de passion et d'amitié. Résistante au temps et aux épreuves partagées, fragile comme l'émotion, riche de mille souvenirs et de mille avenirs, empreinte de gravité et lourde de sens, elle peut parfois s'envoler en éclats de rire dans les lueurs qui filtrent à travers les volets clos de la salle du Conseil, quand très tard, dans la nuit, une équipe de cinglés travaillent encore à te choisir de plus beaux réverbères, à te bâtir une nouvelle école sur le papier, avant de trouver les sous pour la construire... Christian[1], infatigable réalisateur des grands projets du village, réfléchit jour et nuit à l'impossible pour le faire

1. Voir la lettre à Christian, p. 195.

sortir de terre ou le sculpter dans la pierre. Noëlle fait école en restant à l'écoute de tous et de chacun dans le cadre scolaire social et humain. Cécile, qui a dû te quitter à son cœur défendant, t'aime comme un oiseau aime son nid. Marie-Anne et Patrice, pour qui tu n'as aucun secret, partagent ton histoire et celle de chacune de tes familles avec passion. Léo, Jean-Claude, Dominique, Christiane, Fatima assument chacun leur part dans ce rêve commun dont on se répartit les tâches par affinités.

Je ne me sens ni « Monsieur Madeleine », ni « Maire Teresa »... Mais, pour toi, je ressens parfois ce rôle d'élu comme un sacerdoce, un apostolat, et je m'en défends. On n'est jamais propriétaire de cette fonction. Ce qui n'empêche pas de t'aimer plus que de raison. Pour toi, j'ai appris à comprendre l'environnement, l'urbanisme, à lire un plan d'occupation des sols comme Champollion déchiffrant les hiéroglyphes, et j'ai dû m'aiguiser les dents sur le droit minier, le Code des communes et la jurisprudence des tribunaux administratifs... Ça faisait loin, en partant de la guitare à Dadi, mais ça valait la peine, pour te représenter le plus fidèlement possible, de concilier la pierre, la terre et l'humain, en gardiens farouches de cet héritage pour les générations suivantes. Noble tâche, et passionnante puisque les événements nous ont amenés à rester à niveau quand la Marne sortait de son lit et nous inondait de problèmes de baignoires qui se remplissent et de robinets qui fuient. Un stage d'urbanisme sauvage en immersion totale... Mes bottes de sept lieues étaient en caoutchouc et le haut débit de nos communications se mesurait en millions de mètres cubes d'eau boueuse...

Être un artiste et un élu en même temps n'est pas le meilleur bouclier contre la polémique, ces deux visages sont antagonistes à bien des égards. L'artiste est souvent tourné vers lui-même, tout comme il attire sur lui les projecteurs. Il porte une part d'ego inhérente à sa situation face au public, qui lui manifeste surtout son affection, son attachement et son émotion. Le maire, lui, reçoit plutôt les doléances, et se doit d'être à l'écoute pour comprendre, répondre et décider juste. Sa fonction, la plus modeste sur l'échiquier politique, suppose une humilité, un esprit d'équipe et un dévouement sans attente de retour. En revanche, il existe entre le maire et l'artiste une vraie complémentarité. Un regard sensible sur l'existence de chacun, cette touche d'humanité qui fait souvent défaut face à l'administration, ce supplément d'âme qui fera parfois la différence entre un dossier parfaitement bouclé et un projet défendu avec flamme et avec passion… Dans ce cadre s'est soudée l'équipe qui s'est rassemblée autour de toi, comme si nous étions tous nés ici, et comme si le fait de te servir nouait au fil des années une indéfectible amitié entre nous. Il y a dans l'aventure municipale un côté « associatif » qui confine au bénévolat. Dès lors qu'aucun intérêt personnel, aucune ambition particulière ne peuvent être invoqués, c'est l'intérêt général qui prime et il n'y a place pour aucune équivoque. C'est une force de cohésion formidable. Nous ne savons pas vraiment ce qui nous pousse à travailler ainsi pour les autres, en portant parfois de lourdes responsabilités et sans espoir de reconnaissance, juste avec le souci de bien te défendre… Après avoir vu quelques (vrais) hommes (ou femmes) politiques honnêtes – comme le plus grand nombre d'entre eux et d'entre elles – vouer leur existence au service de leurs contemporains, puis être « battus » ou « abattus », cernés par le vide que laissait leur échec ponctuel autour d'eux, je vois à quel point la politique tourne comme une roue cruelle et ingrate. Ici, pour toi, ce n'est pas de la politique. Et même si l'aventure doit se terminer, ce qui sera forcément le cas un jour, elle restera comme une parenthèse extraordinaire dans notre vie.

Offrir une cohérence à l'évolution future, protéger ton avenir contre les rapaces de toutes plumes, écrire des discours pour marier tes amoureux ou pour rendre hommage à la mémoire de tes héros, c'est déposer sur ta terre un petit morceau d'histoire. En toute discrétion, semer pour des moissons que nous ne verrons pas et qu'on espère plus belles.

Yves

J'ai marié des gens qui s'aiment
Et la lumière de leur sourire
Était le plus beau des poèmes
Qu'il m'ait été donné d'écrire

J'ai toujours du cœur à l'ouvrage
Et je chanterai beaucoup mieux
Avec les gens de mon village
Je travaille et je suis heureux

« Avec les gens de mon village »

À Barbara

Chère Barbara,

Depuis toujours, tes chansons nous accompagnent, enveloppées de mystère, bouleversantes d'émotion, et nous n'avons jamais manqué un de tes spectacles. Quand nous sommes arrivés à Précy, tu y vivais depuis un an. Chacun dans le village avait partagé un petit morceau d'histoire avec toi, et tous parlaient avec chaleur de ta simplicité. Discrète, tu apparaissais peu, mais tu emplissais l'espace de ta présence. Plusieurs années se sont écoulées avant qu'un matin nous nous croisions dans la rue, à mi-chemin des cent mètres qui séparaient nos deux portes… « Tout le monde me demande de vos nouvelles, il est temps qu'on fasse connaissance, je suis très heureuse que vous viviez là… » Nous recevions aussi les mêmes questions de notre côté. Beaucoup savaient que nous habitions le même village. L'après-midi même, nous étions chez toi autour d'un succulent gâteau. En entrant dans ta maison, on quittait le monde pour entrer dans le tien. Elle te ressemblait. Comme un oiseau elle fermait ses deux grandes ailes sur le jardin clos, un puits de lumière rempli de fleurs. Dans ce décor feutré, tu nous as reçus en robe longue, chapeau, lunettes noires. Soucieuse de me montrer que tu connaissais mes chansons, tu t'es assise à ton piano pour me chanter

« Mélancolie ». Un vrai cadeau. Il émanait de toi ce charme envoûtant qui mettait de l'émotion dans chaque geste et cette chanson semblait faite pour toi. Nous avons eu du mal à nous arracher à ces instants magiques. Dès le lendemain, de petits fax en coups de téléphone, notre voisinage s'est installé en pudeur et en amitié.

À Pantin, nous avons « embarqué » dans la salle avec toi pour finir debout sur les chaises, applaudissant à tout rompre, submergés par un inoubliable frisson, lorsque tu as tracé sur le fond de la scène en lettres de lumière : « Ma plus belle histoire d'amour, c'est vous... » Jean-Michel Boris, le merveilleux compagnon de toute la chanson, nous racontait tes « après-spectacles » de légende lorsqu'il t'appelait de l'Olympia, à Précy où tu venais de rentrer, pour te faire écouter le public, infatigable, qui te réclamait encore en chantant : « Dis, quand reviendras-tu ? » Nous l'avons vécu aussi ce jour-là : nous chantions depuis trois bons quarts d'heure au milieu d'une foule éperdue de reconnaissance quand tu es revenue sur scène pour nous dire d'un air désolé : « Soyez raisonnables, il faut rentrer... »

Je ne manque pas de bonnes raisons pour me souvenir de l'élection présidentielle de 1995, mais ton appel à la maison, le matin du premier tour, restera gravé à jamais dans ma mémoire... « Yves, voilà, je suis tombée cette nuit chez moi. Je ne pourrai pas venir à pied, c'est encore trop douloureux. Tu crois que tu pourrais apporter l'urne jusqu'à la voiture, ou sinon est-ce que tu pourrais voter pour moi ? » Je connaissais ton candidat, tu connaissais le mien. Tu n'as pas douté de ma loyauté à ton égard et tu avais raison. J'aurais naturellement respecté ton choix en mettant ton bulletin dans l'urne… Mais je n'avais le droit ni de la déplacer, sous peine d'invalidation, ni de voter à ta place, faute de procuration. Je t'ai proposé de te porter jusqu'au bureau de vote, ou de t'aider à y parvenir. Quelqu'un t'a soutenue pour atteindre l'isoloir, et tu as pu finalement remplir ton devoir citoyen.

Lorsque nous sommes allés t'embrasser en coulisses après ton concert au Théâtre du Châtelet en 1993, nous ignorions que ce serait l'un des derniers. Ta voix n'était qu'un souffle, mais tu offrais toujours ton bonheur de chanter. C'est dans ce théâtre que, quelques années plus tôt, tu avais lancé symboliquement des poignées de préservatifs au public pour le mobiliser contre le sida à chaque représentation. Tu nous avais dit ta préoccupation pour les jeunes, particulièrement exposés au risque, et tu voulais faire un geste pour ceux du village. Tu avais convenu avec Noëlle de faire déposer un colis chez nous à l'issue de la série de concerts. C'est ainsi qu'un mètre cube de préservatifs, conditionnés en paquets de trois cents, était arrivé à la maison… J'avais eu l'imprudence quelques jours plus tard d'évoquer l'anecdote à la radio. Nous avions été submergés d'appels de la part d'associations qui souhaitaient profiter de la manne. Et, même en les distribuant de tous côtés, en les laissant à disposition comme des bonbons dans des corbeilles à la mairie et dans les communes voisines, il nous fallut de longs mois pour pouvoir les écouler tous en ton nom.

Cette générosité authentique, permanente, a laissé bien des orphelins lorsque tu as tiré ta révérence. Au-delà du public, les malades auxquels tu parlais longuement, la nuit, pour les réconforter, les familles de détenus qui n'avaient que ta voix au téléphone pour les soutenir, les enfants que tu n'avais pas eus et qui t'aimaient au travers de ta ligne ouverte, ont écrit, appelé, faxé leurs messages de chagrin à Précy. La mairie était devenue une chapelle ardente, où parvenaient des larmes venues du monde entier. Un registre était ouvert, et des centaines de témoignages disaient l'amour gravé dans le sillage de tes chansons et de ta vie. Au bout du chemin, dans le cimetière de Bagneux, plus de trois mille personnes s'étaient rassemblées pour te dire adieu, pour te dire merci. Nous avions apporté quatre cent trente roses, une pour chaque habitant de Précy, ton village. Après la célébration officielle, beaucoup d'invités se sont dispersés, le cœur gros et les yeux rougis derrière leurs lunettes noires. Mais bien d'autres restaient là, anonymes, inondés de chagrin. Une voix timide a murmuré : « Il pleut sur Nantes… », puis dix, cent, mille voix sont montées vers toi : « Dis quand reviendras-tu… ? » La gorge nouée, nous chantions aussi, pétrifiés de tant d'amour. Cette célébration extraordinaire dure encore dans nos mémoires. Je l'ai emportée avec moi dans l'avion pour Marseille, où j'ai ouvert le spectacle ce soir-là sur ta « Petite Cantate ». Je mesurais la chance que nous avions eue de pouvoir connaître non seulement l'immense artiste que tu n'as jamais cessé d'être, mais la femme de cœur que nous avons découverte au fil de ces années partagées en voisins avec toi.

Nous avons souhaité qu'un jour, à Précy, ton nom s'attache à un lieu du village, en hommage affectueux à une femme d'exception qui avait choisi d'y vivre, et sans doute aussi d'y mourir. C'est pour tenir cette promesse que nous nous sommes réunis le 3 février 2001 pour baptiser la « rue de la Petite-Cantate », habitée comme cette chanson d'adieu, vivante comme ton souvenir. Chère Barbara, déjà les enfants du village ont choisi cet endroit pour terrain de jeux, ton rêve de Précy-Jardin est devenu réalité.

Yves

Un square,
Joli
Tout petit petit
Un square
Qui deviendrait le paradis
Pour tous les enfants de Précy
Oh mon cher jardin
Précy
Oh, ma merveille
Mon Précy-Jardin…

« Précy-Jardin » (Barbara)

Lettre d'un adversaire malheureux...

E-mail reçu en 2005, suivi de ma réponse,
puis de sa réponse en retour...

Cher Monsieur

Pardonnez mon entrée en matière quelque peu formaliste, mais j'avoue ne pas bien vous connaître et, malgré vos chansons que j'entends régulièrement et mon goût pour la vraie chanson française – vous émergez bien au-dessus de la médiocrité actuelle –, vous restez une énigme pour moi. Je vous en avais déjà fait part dans un précédent mail, lors d'une commande pour laquelle je vous demandais une dédicace, non pour moi, mais pour ma femme.

Voilà justement le sujet : mon épouse est une belle femme, pleine de qualités, elle attire souvent le regard, j'en ai la certitude, mais je ne suis guère jaloux – si ce n'est de vous –, car elle sait garder la tête froide en toutes circonstances. De plus, elle est peu sensible aux fanatismes et dévotions de toutes sortes que l'on voue aux artistes en général, et considère les plus éminentes célébrités de ce monde comme de simples mortels, ce qui est d'une grande logique.

Tous ces êtres de renom ne lui tournent guère la tête et je sais, pour l'avoir constaté, qu'elle ne traverserait même pas la rue pour saluer les vedettes les plus en vue, non pas qu'elle soit impolie, mais pour les raisons que je viens de vous évoquer.

Vous vous demandez sans doute où je veux en venir, mais c'est simplement pour vous dire que lorsqu'il s'agit de vous, j'ai nommé Monsieur Yves Duteil, son cœur se met à battre plus fort. Elle vous admire comme nul autre au monde, et cela bien au-delà de votre statut de chanteur ou de poète. Elle apprécie essentiellement l'homme que vous êtes et est persuadée que vous ressemblez à celui qu'elle dit pressentir au travers de vos chansons. Elle vous dit humaniste, généreux, pudique, tolérant, prévenant, compréhensif, authentique, plein de compassion, pas fier pour deux sous, sensible, désintéressé, etc. – permettez que j'écourte cet inventaire, il finirait par m'agacer. De plus, elle vous trouve beaucoup plus beau qu'Alain Delon dans sa prime jeunesse… Elle admire votre amour et votre dévouement pour vos proches, et je sens là comme un grief à peine dissimulé à mon égard. Je pense qu'elle eût aimé s'appeler Noëlle plutôt qu'Anita. Ah ! Si j'avais vos qualités et votre beauté ! doit-elle penser. Je vous jure que j'exagère très peu. Je n'arrive même pas à vous haïr, accordant à mon épouse la faculté de discerner les meilleurs d'entre nous, ce qui m'emplit d'humilité.

J'ai le défaut d'être en général plutôt rancunier, mais j'ai poussé le sacrifice jusqu'à lui acheter la presque totalité de vos productions, afin de retourner un peu plus le couteau dans la plaie. Si je ne savais pas ma femme fidèle autant qu'elle prétend que vous l'êtes, je me méfierais de vous. Je vous salue donc, chapeau bas, et m'incline devant le seul homme sur Terre contre qui je ne pourrais jamais lutter. Il fallait que vous le sachiez, car avoir un rival aussi farouche, sans même que celui-ci le soupçonnât, était au-dessus de mon entendement.

Alors, faites en sorte de ne jamais décevoir mon épouse – bien que cela pourrait me permettre de reprendre ma place légitime auprès d'elle –, car elle en serait très affectée. Je pense que vous ne me tiendrez pas rigueur de ce courrier, écrit sur un ton de légère fantaisie, vous l'aurez bien compris, et sans aucune animosité à votre égard. En vous remerciant d'avoir eu la patience de me lire jusque-là – car vous êtes patient, n'est-ce pas ? ma précédente liste de qualités n'était pas exhaustive –, je vous transmets donc, avec une franchise qui ne me ressemble guère, mes plus sincères félicitations pour être devenu l'idéal masculin dans le cœur d'une femme, la mienne en l'occurrence.

Bien à vous,

Bernard

N.B. : Nous avons vécu longtemps à Lagny-sur-Marne, et ma femme rêve de vivre à Précy, simplement parce que vous gérez cette ville. Il n'en est pas question.

Réponse à la « Lettre d'un adversaire malheureux... »

Cher Bernard,

Je vous suis reconnaissant d'avoir décidé de retourner le fer dans la plaie pour m'écrire ces lignes, que nous avons – Noëlle et moi – beaucoup appréciées. Cette preuve d'amour à elle seule pourrait justifier de la part d'Anita, à votre égard, une fidélité éternelle, car peu d'hommes ont été capables jusque-là d'un courage, d'une abnégation équivalente à la vôtre. Je crois que vous avez fait le bon choix en supposant que l'amitié qui pourrait résulter d'une alliance entre nous serait plus forte que le combat à mort qui semblait s'annoncer à l'horizon de nos relations. D'autant que je peux aussi me révéler un adversaire coriace sous mes airs de tendre rêveur. Sous le rival, je perçois donc déjà l'adversaire qui aurait pu surgir au détour d'un couplet mal perçu, et je me réjouis d'avoir en vous un critique vigilant qui va m'obliger, pour ne pas briser le fragile équilibre de l'estime et de la tolérance qui nous relie désormais, à maintenir le niveau, quoi qu'il arrive, le plus haut possible. Soyez donc remercié de cette missive mémorable, qui scelle entre nous un pacte de non-agression, assorti de conditions suspensives, mais dont le défi est loin de déplaire à notre nature combative... Elle me permet de repousser encore plus loin les limites de l'amour conjugal, au-delà de toute démesure, et de placer votre sacrifice au tout premier rang de la béatitude – celle qui précède la sainteté, parce qu'il faut toujours laisser une porte de sortie à un adversaire qui tend la main… Nous voici donc au seuil d'une « paix des braves » qui je l'espère fera naître un sourire attendri et serein sur le visage de celle autour de qui ces mots se sont rassemblés. Et pour ce qui est de Précy, je vous comprends : il faut savoir raison garder, comme disent parfois ceux qui nous gouvernent, avec ce sens du mot juste qui fait de votre lettre un véritable chef-d'œuvre – je pèse mes mots.

Je vous adresse, ainsi qu'à votre épouse, l'expression de mes sentiments les plus respectueux, et notre amitié à tous les deux, à partager encore longtemps j'espère…

Yves

Cher Yves (voyez comme le ton a déjà évolué),

Pour en terminer, et ma missive n'appelle aucune réponse, je fus très surpris et touché d'avoir reçu un courrier de votre part, ce à quoi je ne m'attendais vraiment pas. Je vous remercie d'avoir pris le temps de me répondre, avec ce style riche et agréable qui caractérise votre prose, sur un ton d'aimable légèreté, comme le fut mon précédent message. Finalement, vous m'avez vaincu et convaincu. Bien que je n'aie sans doute pas l'abnégation que vous me supposez, je vous suis reconnaissant de votre offre d'amitié et suis sensible à votre compliment.

Je n'avais pas fait part à ma femme de mon courrier, mais votre réponse m'a obligé à l'en informer. Cela l'a évidemment émue et confortée dans l'opinion qu'elle avait de vous, en ajoutant à présent l'indulgence – à mon égard – et la disponibilité – pour avoir pris le temps de m'écrire – à votre « liste de qualités ». Je ne vous ennuie pas plus longtemps, mais tiens à vous préciser que le sacrifice que j'ai fait n'est pas très méritoire : quel sacrifice fait-on lorsqu'on est à terre et que, de surcroît, votre vainqueur vous tend la main ?

Votre courrier sera évidemment conservé comme une relique par mon épouse. J'accepte avec empressement et fierté, mais surtout avec raison votre « paix des braves », car un homme seul ne se bat pas contre une armée. Je vous adresse, ainsi qu'à Noëlle et tous les gens que vous aimez, l'expression de mes meilleurs sentiments, en vous souhaitant pour l'occasion de très joyeuses fêtes.

Bernard

À mes chers amis

Ami : en trois lettres, quelqu'un qui compte, et sur qui l'on peut compter, qui possède en main toutes les cartes pour pouvoir vous trahir, mais qui ne le fait pas…

Mes très chers amis,

Je vous ai tant aimés…

L'amitié est une relation somme toute assez simple. On s'aime, on s'éloigne ; parfois, le fil se distend, sans pour autant se briser, et quelquefois il casse…

Si je vous écris aujourd'hui, c'est peut-être que, au-delà du moment où nous avons cessé de nous voir, vous vous êtes peut-être demandé pourquoi… La fidélité en amitié n'est pas un principe acquis. C'est le miroir d'une affection, d'une affinité plus forte que l'absence, plus solide que l'adversité. Le temps n'est qu'un second rôle. C'est le sentiment qui tient la vedette. Encore est-il difficile d'admettre, lorsque le fruit est trop mûr, qu'il est déjà tombé. On voudrait penser qu'il ne s'agissait que d'un épisode de l'aventure, que tout serait à nouveau d'aplomb au prochain chapitre. Mais quand le doute est semé, il germe et prospère sur d'autres qui remontent à la surface, le malaise s'installe. Mon père était plutôt du genre à ne jamais faire éclater les conflits. La vie m'a montré qu'il valait mieux affronter les problèmes avant qu'ils ne s'enveniment. Alors j'appelle ou j'envoie une lettre, mais je dis ce que j'ai à dire. Qu'une zone d'ombre se pose, et le regard se détourne, le sourire n'est plus limpide. Le bonheur de se voir est entaché d'un silence. Le non-dit est un poison lent, mais insidieux, qui finit par prendre sa place à table…

Il doit y avoir un cap, un seuil difficile au passage des trente ans d'amitié, puisque c'est là que nous avons buté, toi et moi, sur un mot, révélateur hélas d'une de ces zones d'ombre qui apparaissent soudain au grand jour, et qu'on ne peut plus ne pas voir… Noëlle, plus perspicace, aurait voulu retenir l'appel au secours que j'avais imprudemment lancé au téléphone en cette période difficile pour nous, et qui n'avait laissé au bout du fil qu'un silence gêné. Dès le lendemain, je recevais ta lettre, qui ne cadrait plus avec ces trente ans de douceur, d'affection et de chaleureux échanges. Au pied du mur, le maçon était aux abonnés absents. Aussitôt, j'ai renvoyé à l'expéditeur cet étrange courrier, qui tranchait avec toutes vos lettres, conservées précieusement comme une belle histoire. Le fil du cerf-volant gisait à terre, et l'atterrissage fut difficile. Longtemps, j'ai été triste de ce gâchis, mais je savais qu'il me fallait faire le deuil de cette jolie amitié, parsemée de rencontres, de chansons, de dessins, de livres et de tendresse partagés. Puis, le temps a déposé sur cette mélancolie un voile de brume salutaire. Une amie nous a transmis un jour un article de presse dans lequel tu évoquais un remords, celui de « n'avoir pas aidé un ami, au moment où il en avait besoin »... Aurais-tu confié ce regret à un journal ? La pudeur ne laisse parfois ouvrir son cœur qu'à contretemps...

Quand une amitié s'achève, faut-il penser que les gens peuvent changer, ou bien qu'on s'était trompés depuis le début sur leur nature profonde ? C'est une question cruelle, car la réponse pourrait réduire une belle relation à l'illusion d'un faux-semblant... Que reste-t-il de tout ce temps béni, des promenades en forêt à l'automne, pour le simple bonheur d'être ensemble ? La déchirure n'est pas seulement celle d'un présent douloureux, mais aussi celle de toutes les pages écrites sur fond de douceur, des enfances entremêlées dont les photos parsèment tous les albums, tant la trame était serrée, et dont il faut à présent décrypter le nouveau langage... Il est difficile de faire le deuil du vivant. Mais il est important aussi de découvrir à quel point une simple phrase peut tout faire basculer. L'amitié devient plus précieuse quand elle apparaît si fragile. On se bâtit plus solidement lorsqu'on connaît mieux ses faiblesses. Ce paradoxe nous permet de continuer à vivre le cœur ouvert sans nous enfermer dans une carapace d'indifférence. Je ne regrette pas de vous avoir aimés en toute confiance. Nous n'aurions rien vécu de tous ces souvenirs que nous avons tissés ensemble, le cœur au chaud, guitares en main et qui, aujourd'hui encore, sont restés fidèles à la réalité d'alors. Comme si le passé se « défusionnait » de l'avenir, il n'en reste que le meilleur. Nous ne pouvons plus rien y changer, mais le regard qu'on porte sur lui nous permet de prendre le recul nécessaire pour distancier l'émotion, et la douleur s'estompe à mesure que le temps passe.

Il n'y a pas eu d'erreur sur les personnes. Nous étions bien nous-mêmes, et la vie nous a éloignés comme elle nous avait réunis. Les êtres ont en eux des fenêtres par lesquelles, parfois, ils nous ouvrent des perspectives encore inconnues de nous. Comme une mosaïque complexe, ils nous apparaissent alors en transparence, avec une nouvelle profondeur de champ qu'on ne peut plus ignorer. Il arrive parfois que les routes, alors, se séparent. Elles se croiseront sûrement à nouveau, autrement peut-être, parce que le destin est un curieux scénariste... Je vous ai tant aimés, et je vous aime encore. Si vous n'aviez pas existé, vous auriez manqué au bonheur de ma vie...

Yves

Dans la maison de Normandie
Tout a rouillé, tout a jauni
Mais le bonheur est toujours là, blotti...

« Dans la maison de Normandie »

À une inconnue

Chère inconnue,

Je ne sais rien de vous, ni votre nom, ni même votre prénom, pourtant, à un instant crucial de notre vie, vous avez été le miel sur la blessure, un signe du destin…

Je voudrais vous raconter l'histoire, car vous n'en avez connu qu'un morceau, et si vous la lisez un jour, j'espère de tout cœur que vous vous y reconnaîtrez…

Le 5 juillet 1999, Noëlle était opérée à l'Institut Curie à Paris. La veille au soir, un concert était prévu à Seillans, en Provence, dans l'église où notre petite Yen avait reçu le baptême quelques mois plus tôt. Noëlle avait tenu à ce qu'il soit maintenu, pour des raisons symboliques, la veille de l'opération, mais aussi par respect de promesse faite au père Benoît, le chaleureux curé du village : le spectacle devrait permettre de recueillir des fonds pour la restauration de son église.

Avant de quitter Précy pour le Sud, j'avais glissé un mot dans le sac de Noëlle… *Ton armée est en marche, tes gardes du corps sont là, tout est prêt pour diriger sur toi ce faisceau de prières, de pensées et de tendresse qui t'enveloppe déjà depuis quelques jours dans un nid de lumière… Et puis, dans l'église de Seillans, je serai plus près du Bon Dieu pour lui parler de toi…*

Le concert, qui semblait ne reposer que sur la bonne volonté de tous, fut magique. L'église était comble et le public… religieux. Chaque morceau, dans ce contexte, prenait un sens différent, certains mots résonnaient en moi comme jamais…

Offrir mes chansons dans cette église à la veille d'un moment si important me semblait loin d'être un hasard, c'était comme un signe du ciel. Chanter était une façon de prier.

À la fin, le père Benoît m'a rejoint devant l'autel pour me remettre un présent. De longue date, en prévision du concert, et pour nous remercier de chanter pour son église, il avait rapporté de Rome une bénédiction de Sa Sainteté le pape Jean-Paul II, calligraphiée à nos deux noms. Il était loin de se douter à quel point cette protection était bienvenue…

Comme nous en étions convenu avec Noëlle, j'ai pris le premier avion à l'aube afin de pouvoir être présent dès son réveil, au retour du bloc opératoire.

Arrivé directement de l'aéroport, j'ai vite garé ma voiture rue des Ursulines, en face de l'Institut, et je suis monté dans le service de Geneviève, qui nous a accueillis avec infiniment d'amitié en ce moment d'angoisse et d'incertitude. Nous avons attendu le retour de Noëlle, avec son papa et Martine, dans sa chambre vide. La journée fut longue, douloureuse, tendre et bouleversante. Face à l'inconnu, aux dizaines de questions qui nous brûlaient les lèvres, nous avons écouté le chirurgien, entendu les mots qui font peur et ceux qui donnent espoir se mêler dans nos têtes et esquisser le tableau des jours et des mois à venir. Puis, à la tombée du jour, je me suis préparé à passer la nuit auprès de Noëlle, comme nous l'a proposé Geneviève. Je suis sorti pour récupérer mes affaires dans la voiture.

En marchant sur le trottoir, j'ai pris conscience que, dans ma précipitation du matin, j'avais oublié les parcmètres… Résigné, je me suis approché, et à la place du PV, sous le balai d'essuie-glaces, j'ai trouvé un ticket de stationnement en bonne et due forme. Aucun passant pour me renseigner : « Qui ? » « Pourquoi ? » La voiture stationnait devant un café qui faisait le coin de la rue. Je suis entré et j'ai demandé si quelqu'un était au courant… et vous vous êtes avancée en souriant : « J'ai vu votre tête, j'ai compris que vous alliez en face, et quand j'ai vu la contractuelle sortir son carnet de contraventions, je me suis dit que peut-être vous en aviez suffisamment déjà sur les épaules, alors je suis sortie, et je suis allée la voir. J'ai négocié le retrait du PV contre le fait de mettre un ticket sous votre essuie-glaces… » J'en aurais pleuré. Vous n'imaginez pas la portée de ce geste dans un moment comme celui que nous traversions. Une oasis au milieu du chagrin… Je me souviens de votre visage, de votre expression, de votre simplicité. Je vous ai remerciée, mais j'étais trop ému pour pouvoir vous dire tout ce qui se bousculait, et je suis resté avec ce ticket à la main… Je crois vous avoir proposé de vous rembourser, et en même temps je trouvais cela si dérisoire… J'avais la gorge serrée quand nous nous sommes quittés, mais quelque chose avait changé dans l'air si lourd de cette journée… Chaque fois que nous sommes revenus à Curie avec Noëlle, nous n'avons jamais manqué de déjeuner dans votre café, où même l'omelette la plus simple avait un parfum particulier, fait d'amitié et de bienveillance… Et puis, un jour, vous nous avez annoncé votre départ. Votre mari avait eu une alerte cardiaque, et le médecin avait préconisé un lieu plus serein, plus propice au calme : « Chaque fois qu'il voit un papa qui pleure parce que son enfant est là-bas, chaque fois qu'il voit leurs yeux qui leur mangent le visage, et sans cheveux, il est comme une éponge, il absorbe tout ça et ça s'accumule… Alors on va vendre ici et, sans doute, acheter un petit restaurant dans le Sud, parce que sinon ça risque d'être plus grave… » Et puis un jour, vous n'étiez plus là. Sur le store était écrit : « Changement de propriétaire. »

Je ne peux m'empêcher, depuis, de penser qu'il y a quelque part dans le Sud un petit restaurant où l'on vous sert une omelette aux pommes de terre et aux champignons, dont le parfum doit ressembler aux arcs-en-ciel après la pluie…

Je ne l'ai jamais oublié… il avait un avant-goût d'espérance.

Yves

Les petits gestes attendrissants
Qui vous ouvrent le cœur en grand
Et vous sortent du désespoir
Les jours où le ciel est trop noir

Les petits gestes dérisoires
Un sourire, un simple regard
Mais qui repeignent la journée
Aux couleurs de votre amitié

« Les Gestes délicats »

À ma Noëlle

Ma Noëlle,

Des lettres, je t'en écris beaucoup. Les voyages sont autant d'occasions de mettre des mots sur la douleur de partir, sur la douceur du retour. Les fêtes et les anniversaires, autant d'instants pour se dire combien on s'aime…

Quand nos routes se sont croisées, c'est comme si la porte de l'univers s'était ouverte, quelqu'un avait allumé la lumière… Ton beau sourire avait cette profondeur étrange qui illuminait la vie autour de toi. Il l'a toujours. Au-delà des épreuves, des chagrins et des deuils, même présente, la souffrance n'a jamais occulté cet amour qui émane de toi vers les autres. En filigrane dans ton regard, des blessures et des bonheurs se sont enchevêtrés, liant la conscience à la force… Avant moi, tu avais vécu plusieurs vies, des expériences merveilleuses et douloureuses. Aucune ne t'a abîmé le cœur. Elles ont construit ta vie, que j'ai cueillie au printemps comme une fleur dans la tourmente. Le bonheur de se trouver nous a fait renaître tous les deux. La vie a été plus belle de ce rai de lumière qui entrait soudain dans nos cœurs et, comme un bateau change de cap, nous avons pris la route ensemble vers toujours. J'ignorais que cette route puisse exister. Je pense à présent qu'elle s'invente au jour le jour, à force de respect, de passions communes, d'humilité et de partage, à force de confiance, de secrets échangés, de surprises et d'erreurs… Je te découvre à chaque étape. L'esprit sans cesse en mouvement, tu as toujours une spiritualité d'avance. Un pas plus loin, un regard plus haut, tu embrasses un espace toujours plus vaste sous les ailes du mot liberté. Je n'ai eu qu'à te suivre, dans ce jardin de verre où entrent ceux que tu aimes, et à trouver ma place, entre père et mari.

Grâce à toi, je crois désormais que le mot longtemps se conjugue au présent. Dans chacun des gestes de ta vie, il y a un cadeau, un regard attentif aux autres ou une pensée affectueuse. Rien ne t'échappe des êtres qui t'entourent. Une phrase, un mot et te voilà sur la piste d'une attention particulière, d'un plaisir qui fera date. Tu cultives avec une rigueur inimaginable le goût de la fantaisie et le sens de la fête. Car le bonheur, ça se prépare. Comme la confiture de figues, cueillies sur l'arbre : il a fallu défendre les fruits contre les geais, mais aussi planter l'arbre, et peut-être même acheter le terrain… Ta confiture a la saveur magique des merveilles qu'on arrache au néant. À chaque ouvrage nouveau, il me semble te devoir une chanson en échange. C'est comme un défi mutuel contre l'adversité. Créer, construire, recomposer la vie en mieux. De nos conversations, souvent, sont nées des chansons. Est-ce le hasard si les thèmes ont glissé de « Tarentelle » à « Regards impressionnistes », et d'« Un Lilas pour Eulalie » vers « La Langue de chez nous » ? Tu as le talent d'entrevoir dans l'esquisse l'image du travail achevé. Ton exigence, dès lors, est à la mesure de cet espoir. J'aime suivre ainsi le cap de ton regard.

Il nous a si souvent menés à bon port… Et, quand le vent souffle en tempête, ton instinct est un guide précieux pour le voyageur égaré. Tu attires ces oiseaux migrateurs qui font escale chez nous pour reprendre leur souffle et trouver des routes plus sereines… Tu dis les mots justes et tes phrases commencent souvent par « oui… », même pour conduire doucement vers le contraire en ouvrant la porte à la tolérance. Peut-être après avoir dû lutter pour survivre à des épreuves si difficiles, la vie nous apparaît-elle davantage chargée d'urgences ? Elle t'a appris, en tout cas, que peu d'êtres nous attachent à l'existence lorsque celle-ci est menacée, et que leur amour, alors, peut jouer un rôle déterminant. Ce sont eux qui donnent la force parfois de poursuivre le voyage. Ce sont eux aussi dont on voudrait tenir la main à l'instant de partir. C'est grâce à toi que j'ai pu partager la dernière soirée avec mon père. Tu m'as fait ce jour-là l'inestimable cadeau de pouvoir être en paix avec lui, enfin.

L'aventure de notre vie se renforce ainsi, de jour en jour et, sans préméditation, elle épouse des causes de rencontre qui s'imposent comme des évidences. Ainsi l'écharpe tricolore d'élue municipale t'a offert de redessiner la fonction de maire-adjoint à la mesure de ton sacerdoce : chaque année à Noël, chaque enfant du village reçoit un cadeau. Différent l'année suivante, et pas le même que celui remis à son frère ou de sa sœur l'année précédente : c'est toi qui tiens à jour les listes des nouveaux venus et des naissances, comme si nous avions élargi notre famille aux six cents habitants du village… Sans rien attendre en retour, mais pour la seule passion du travail accompli. Pour faire, sans nécessairement faire savoir. Je t'ai toujours vue penser aux autres, même dans les pires moments. Je t'aime d'aimer si fort, si loin, avec pudeur et retenue, d'un amour discret comme un souffle mais puissant comme une lame de fond. Tes mots, tes actes sont toujours pesés au plus juste et, sans jamais rien imposer, tu soulèves des montagnes. La vérité et la transparence deviennent des armes redoutables quand elles donnent à celui qui s'en sert la légitimité absolue pour agir. Aucune naïveté ne vient ternir ta détermination. Je t'ai vue résister en toute conscience à des pressions formidables et, malgré une apparente faiblesse, l'emporter à la longue par la seule force de ta conviction. Douce comme la soie, si tu plantes les dents, tu ne lâches plus jamais. Nos combats sont communs, et les soubresauts du destin nous ont appris à contenir la joie de nos victoires. Vivre avec toi est un voyage passionnant, inattendu et généreux.

T'avoir vue te battre au sommet du courage pour rester en vie m'a bien plus appris que toutes les décennies passées. Au-delà du sentiment d'injustice qui t'étreignait, tu voulais comprendre pourquoi et comment on pouvait en arriver là, en ayant pourtant essayé de faire de son mieux depuis toujours... J'essaie de t'accompagner sur cette nouvelle route qui s'impose à toi et à nous, même si j'ai toujours sur toi une priorité de retard... Tu es belle de toutes ces épreuves surmontées, de cette douceur qui émane toujours de ton visage comme une source de lumière.

Tu es en moi à chaque instant. Rester à la hauteur de ton estime m'est devenu indispensable.

Je me croyais cartésien, ta logique me confond. Anticiper est ton maître mot, ta pensée part en éclaireur, très loin sur tous les fronts où tu t'engages. J'essaie bien, de temps en temps, de te prendre en défaut, histoire de minimiser un peu les miens… Impossible. Aucune faille ne viendra soulager le poids de mes imperfections. Tu n'es pas parfaite. Tu es mieux que ça. Tu es toi. J'ai de la chance que tu m'aies élu homme de ta vie. À une voix près, je manquais le titre…

S'il existe un enfer, ce serait un endroit où tu n'es pas.

Ton Yves

Où que tu sois dans l'univers
Tu es ma force et ma lumière
Et j'avance dans la nuit noire
Là où tu poses ton regard…

« Le Simple Fait que tu existes »

TABLE

Cet ouvrage a été composé
par Atlant'Communication
aux Sables-d'Olonne (Vendée)

Impression réalisée sur CAMERON par

BRODARD & TAUPIN
GROUPE CPI

La Flèche
en novembre 2005
pour le compte des Éditions de l'Archipel
département éditorial
de la S.A.R.L. Écriture-Communication

Imprimé en France
N° d'édition : 884 – N° d'impression : 33281
Dépôt légal : janvier 2006